Wilhelm Tappert

Bilder und Vergleiche aus dem Orlando innamorato Bojardos

Und dem Orlando furioso Ariostos

Wilhelm Tappert

Bilder und Vergleiche aus dem Orlando innamorato Bojardos
Und dem Orlando furioso Ariostos

ISBN/EAN: 9783743483071

Hergestellt in Europa, USA, Kanada, Australien, Japan

Cover: Foto ©ninafisch / pixelio.de

Manufactured and distributed by brebook publishing software
(www.brebook.com)

Wilhelm Tappert

Bilder und Vergleiche aus dem Orlando innamorato Bojardos

AUSGABEN UND ABHANDLUNGEN

AUS DEM GEBIETE DER

ROMANISCHEN PHILOLOGIE.

VERÖFFENTLICHT VON E. STENGEL.

LVI.

BILDER UND VERGLEICHE

AUS DEM

ORLANDO INNAMORATO BOJARDO'S

UND DEM

ORLANDO FURIOSO ARIOSTO'S.

NACH FORM UND INHALT UNTERSUCHT

VON

WILHELM TAPPERT.

MARBURG.

N. G. ELWERT'SCHE VERLAGSBUCHHANDLUNG.

1886.

Seinem hochverehrten Lehrer,

Herrn

Professor Dr. Edmund Stengel

hochachtungsvoll gewidmet

vom Verfasser.

In der Entwicklungsgeschichte des italienischen Kunstepos kann man Bojardo und Ariosto nicht wohl von einander trennen. Trotz ihrer durchgängigen Verschiedenheit an dichterischer Begabung, Weltanschauung und Lebensverhältnissen hat sie ein gemeinsames Ziel für immer vereinigt. Dadurch dass der jüngere Zeitgenosse das Fragment des älteren zu einem möglichst vollendeten Kunstwerk ergänzte, erwarb er sich allerdings thatsächlich ein bleibendes Verdienst, aber zugleich sicherte er auch seinem Vorgänger einen bescheideneren Nachruhm. Mitten im Kriegslärm, 1494, hinderte ein jäher Tod den über die Misserfolge seiner Landsleute betrübten Bojardo an einer Vollendung dessen, was er bei sich geplant hatte. Nach 22 Jahren erschien die Fortsetzung und der Abschluss des Werkes, welche unter keineswegs günstigeren Umständen begonnen waren. Führte sie schon einen eigenen Titel, so trat die völlig selbständige Anknüpfung und Anordnung der Begebenheiten noch energischer für das Eigenthumsrecht des Verfassers ein. Trotzdem der Beifall der Gebildeten und Gelehrten auf Seiten des unlängst nur als Autor einiger im Geschmacke und Stile von Horaz gehaltener Carmina bekannten Dichters war, hinderte dies ihn doch nicht, schon nach fünf Jahren eine neue, verbesserte Ausgabe seiner Dichtung zu veröffentlichen, welche indess den Inhalt kaum verändert hatte. Allein sogar in dieser Gestalt befriedigte Ariosto sein »Orlando furioso« noch nicht, bis eine abermalige, durchgreifende Umarbeitung des Ganzen — welche sich diesmal auch

auf den Stoff erstreckte — das Gedicht in der heutzutage fast
ausschliesslich bekannten Form zeigte. Auch nach dieser ab-
schliessenden Ausgabe v. J. 1532 feilte Ariosto unablässig an
einer weiteren Vervollkommnung seiner Schöpfung; wenn man
seinen Worten trauen darf, wollte er nun wirklich die letzte
Hand anlegen. Mitten in der ihm liebgewordenen Thätigkeit
überraschte ihn, wie ehemals seinen Vorgänger, der Tod. Die
Ausgabe letzter Hand erhielt somit das ausschliessliche Ansehn
der Authenticität, während die von diesem oder jenem Bio-
graphen beigebrachten Zeugnisse für von dem Dichter an-
geblich beabsichtigte Änderungen verdientermassen mit Stillschweigen übergangen wurden. — Dass der Beifall der Zeitgenossen das Rechte getroffen, beweist die noch heutzutage
unverminderte Lebensfähigkeit des Gedichtes; nach wie vor
besitzt es für den Liebhaber wie für den Forscher eine gleich
starke Anziehungskraft.

So hat man denn auch in neuerer Zeit den Furioso zum Gegenstand der verschiedensten Untersuchungen gemacht. Eine Legion
von Übersetzungen und Ausgaben, von denen die neueren sich
grösstentheils auf die noch jetzt angesehenste Ausgabe von Panizzi
stützen, hat den Ruhm des unsterblichen Gedichtes mehr und mehr
ausgebreitet. Während sich aber für Ariosto viele fleissige Hände
regten, geschah für Bojardo nichts, kaum dass sein Werk dem
Namen nach bekannt, geschweige denn in einer leidlichen Ori-
ginalausgabe zugänglich war. Mehr noch als der Furioso hatten
dem Innamorato die verbreiteten Bearbeitungen eines Dome-
nichi und Berni geschadet. Erst seit dem Erscheinen von Panizzi's
Publication [1]) — und für Deutschland speciell seit der von
A. Wagner im »Parnasso italiano« [2]) veröffentlichten Ausgabe —
welche die Bekanntschaft mit dem Originalwerke ermöglichten,

---

1) Orlando Innamorato di Bojardo: Orlando Furioso di Ariosto:
with an essay on the romantic narrative poetry of the Italians: memoirs
and notes by Antonio Panizzi. London, William Pickering, 1830. IX vols in 8°.

2) Parnasso Italiano continuato, Lipsia 1833, enthaltend: Orl. Inn.,
Michelangelo's Rime, Tassoni's Secchia rapita und Boccaccio's Dekameron.

begann sich die Bojardo's Dichtung bislang entgegengebrachte Theilnahmlosigkeit in eine vorurtheilsfreiere Prüfung der thatsächlichen Beziehungen zwischen beiden Gedichten umzuwandeln. Die erste derartige, von einem unparteiischen Standpunkte ausgehende Untersuchung wurde von einem deutschen Gelehrten angestellt, von Leopold Ranke, der auch hier seine von objectiver Idealität getragene Universalität auf ebenso vollendete als mustergiltige Weise darlegte [1]. Wie treffend und unanfechtbar sein Urtheil war, geht daraus hervor, dass es sich mit dem neuerdings von dem einsichtsvollsten Kenner der romantischen Epenliteratur, von Pio Rajna [2]), abgegebenen völlig in Einklang befindet. Das gründliche Werk dieses Gelehrten ist ganz dazu angethan, die noch immer herrschende Voreingenommenheit vermöge der schlagendsten Beweise zu beseitigen, deren Anerkennung sich Niemand entziehen kann.

Aber beide Männer beschränken sich wesentlich auf die Darstellung der stofflichen Verwandtschaft beider Gedichte, wenn sie auch an geeigneten Stellen nicht umhin konnten, auf die Einkleidung der Gedanken die nöthige Rücksicht zu nehmen; ja eine Übereinstimmung hierin gestattete sogar des öfteren und erst mit Evidenz, wo die Ähnlichkeit der Thatsachen allein noch nicht genügend war, eine faktische Entlehnung des jüngeren von dem älteren Dichter festzustellen. — Ist nun schon in dieser Hinsicht die Wichtigkeit einer Untersuchung der formalen Beziehungen angedeutet, so kann diese Untersuchung noch dadurch ein besonderes Interesse in literarischer Hinsicht beanspruchen, dass sie den inneren Zusammenhang zwischen den zwei so heterogenen Dichtungen darzuthun im Stande ist. — Dass ein solcher existiert, wenn auch nicht in dem Masse, als man ihn vielleicht

1) »Zur Geschichte der italienischen Poesie.« Von Leopold Ranke. Gelesen in der Kgl. Ak. d. Wissensch. Berlin 1837. Val. Schmidt's einschlägige Publicationen, sowie die gleichzeitigen Leistungen auf dem Gebiete des romantischen Epos können hier füglich übergangen werden, da sie im Grossen und Ganzen auf Ranke's Forschungen fussen.

2) »Le Fonti dell' Orlando Furioso«. Ricerche e Studii di Pio Rajna. Firenze, Sansoni, 1816. Introduzione p. 20 ff.

1*

ohne weiteres anzunehmen geneigt ist, kann durch verschiedene
Argumente a priori erhärtet werden. Infolge der zeitweiligen
stofflichen Verwandtschaft konnte sich trotz der wesentlich verschiedenen Darstellung auch in formaler Beziehung ein deutlicher Anklang stellenweise nicht verleugnen. Manche Abenteuer, welche Ariosto inhaltlich kurz wiedergiebt, bieten zunächst
die Hand zu einigen, wenn auch minderwerthigen Entlehnungen.
Dazu trug eine stoffliche Ähnlichkeit von ungefähr das Ihrige
bei, um hier und da einzelne Wendungen des Vorgängers ein-
zuschalten. — Diese Beziehung ist indess nicht etwa künstlich
hervorgerufen, um auch äusserlich die Zugehörigkeit zu letzterem
an den Tag zu legen, sondern sie gründet sich auf ganz natürliche Verhältnisse. Gewiss stand Ariosto als jüngerer Zeitgenosse
noch unter dem Eindrucke, welchen die gewaltige Schöpfung
Bojardo's auf die Mitwelt ausgeübt hatte. Als die erste Ausgabe erschien, zählte Ariosto allerdings erst vierzehn Jahre —
ein Alter, welches sich dem Einfluss derartiger Dichtungen bereit-
willig erschliesst. Und hatte es der Knabe versäumt, die unmittelbare Bekanntschaft mit der Dichtung Bojardo's zu machen,
so holte es sicherlich der Jüngling nach, als 1495 die zweite
Ausgabe erschien [1]). Die bis 1541 noch mehrmals erfolgten
Auflagen legen von der Beliebtheit des Innamorato ein deut
liches Zeugniss ab.

Der Fur. erschien allerdings erst · 22 Jahre nach Bojardo's
Tode und nachdem Agostini die Ergänzung des Fragmentes
unternommen hatte; allein der zeitliche Zwischenraum hindert
keineswegs daran, Ariosto den Ruhm eines unmittelbaren Fort-
setzers und Vollenders zuzusprechen. Etwas Anderes ist es mit
dem Charakter der Darstellung; und doch, so durchaus entgegen-
gesetzt Bojardo's Naivetät und Ariosto's Ironie sind, so stellt
sich doch bei näherer Prüfung heraus, dass die Idee des An-
fängers von dem Fortsetzer gewahrt ist. Ob letzterem einige

---

1) Diese Angaben verdanke ich dem, in G. Regis Übersetzung des
Orl. Inn. v. J. 1840 Bojardo gewidmeten Artikel, welcher die ausführ-
lichste Auskunft über des Dichters Leben und Werke giebt.

Aufzeichnungen des ersteren über den weiteren Gang der Erzählung vorgelegen haben, bleibt aber mindestens zweifelhaft.
Über das wahre Verhältniss des früheren zu dem späteren Werke
kann also ausschliesslich die Form deutlichen Aufschluss geben,
und die modernen Herausgeber habensich denn auch in den
Anmerkungen nicht auf bloss stoffliche Berührungspunkte beider
Gedichte beschränkt.

Die formale Seite des Fur. ist am eingehendsten in Bolza's
»Manuale Ariostesco« behandelt worden [1]). Für Bojardo fehlt
leider bis jetzt ein ähnliches Werk, über dessen Nothwendigkeit
hat aber die beredte Vertheidigung des Inn. seitens Rajna's hof-
fentlich einem jeden die Augen geöffnet hat.

Bolza, welcher den Fur. in seiner Gesammtheit behandelt,
konnte sich dementsprechend in dem sprachlichen Theile nur
bei den Hauptsachen aufhalten, und das »Riferimenti all' Orlando
Innamorato« [2]) überschriebene Capitel giebt nur eine summarische Aufzählung derartiger Übereinstimmungen. Es schien daher geboten, wollte man sich möglichst gründlich über den
Zusammenhang des Inn. und Fur. unterrichten, nur einen Theil
des umfangreichen Gebietes zu erforschen. Als wesentlichster
und der Beachtung würdigster Gegenstand erschien· die Figur
der Vergleichung. Obwohl sie an Innigkeit und Kühnheit der
Verknüpfung nicht mit der Metapher wetteifern kann, so steht
sie, allein schon um deswillen, dass sie in Homer den ersten
und bislang unerreichten Vertreter gefunden hat, als Redeschmuck im besten Rufe. Die Kunstvollendung der Ilias und
Odyssee und die damit gepaarte wirksamste Anwendung dieses
Darstellungsmittels haben letzterem von vorn herein die ästhe-
tische Berechtigung erkämpft, und mit mehr oder weniger Glück
haben die Epigonen den grossen Sänger gerade in diesem Punkte
nachzuahmen sich bemüht. Bekanntlich glaubte Virgil sein Vorbild übertroffen zu haben, und auch Ovid versuchte sich mit

---

1) Dott. G. Bolza: Manuale Ariostesco, Venezia e Münster 1866.
2) ib. p. LXXII,IV.

Erfolg in dem gleichen Kunstmittel. Aber sie haben ebenso
wenig als ihre eigenen Nachahmer ihr Ideal erreicht, geschweige
denn in den Schatten gestellt. Mit dem Wiedererwachen der
klassischen Studien konnte es ebenso wenig fehlen, dass man
nicht auch, zuvörderst nur äusserlich, die alten Dichter in derselben Beziehung copierte. Erst als sich die Überzeugung von
dem Werth der Vergleichung Bahn brach, konnte eine zweck-
bewusste, richtige Anwendung dieses Kunstmittels eintreten. —
So fern nun auch Bojardo diesen Bestrebungen steht, so hatte
sich doch bei ihm auf einem anderen Wege die Figur Eingang
zu verschaffen gewusst. Selbst in der mittelalterlichen Kunst,
waren nämlich, veranlasst durch das eifrige Studium Virgils bildliche Bezugnahmen in Mode gekommen und hatten sich schliesslich
als unerlässlicher Bestandtheil der gebundenen Rede festgesetzt.
Neigte Bojardo vorwiegend nach dieser Seite hin, so hat Ariosto
aus der Lectüre der alten Schriftsteller freie Belehrung über
diese stilistische Eigenthümlichkeit geschöpft. In wie weit aber
beide Dichter in der Verwendung der Figur sich berühren, bildet
die Aufgabe der vorliegenden Untersuchung.

Von speciellen Vorgängern können nur Bolza und Venturi
wegen einer (1820, Modena) veranstalteten Ausgabe von Bojardo's
Werken [1] einer Erwähnung theilhaftig werden. Indessen wurde
von mir nur die Zusammenstellung der Gleichnisse des Fur. im
Manuale Ariostesco (»Similitudini« p. LXXXII/III) berücksichtigt.
Eine erneute Bearbeitung erschien keineswegs überflüssig; denn
zunächst bleibt die Aufzählung bei Bolza weit hinter der doch
bei derartigen Abhandlungen unerlässlichen Forderung der Vollständigkeit zurück: noch nicht einmal die Hälfte der Gleichnisse
(131 Gl.) sind aufgezählt. Dazu ist das allereinfachste Schema

---

1) Poesie di Matteo Maria Bojardo, Conte di Scandiano etc. scelte ed
illustrate dal Cav. Giambattista Venturi, Nob. di Reggio, 1 vol. Modena 1820.
Ausser ausgewählten Canzonen, Sonetten, italienischen und lateinischen
Eklogen, dem Timon und 3 Capitoli sind ausgewählte Stellen aus dem
Verl. Rol. unter den sieben Rubriken vertheilt, von denen die zweite die
Gleichnisse einnehmen. Cf. Regis: Op. cit. Glossar: Bojardo p. 383.

der Anordnung, das alphabetische, befolgt, so dass die Zusammenstellung ohne jeden sichtbaren höheren Zweck bleibt. Ausserdem hat Bolza jegliche Bezugnahme auf den Vergleich vermieden, während derselbe, wenn er sich auch an Bedeutung mit dem Gleichniss nicht messen kann, doch, schon um seines numerischen Übergewichtes willen, nicht mit Stillschweigen übergangen werden durfte. So blieb denn der nachfolgenden Untersuchung noch ein weites Feld zu durchforschen übrig, von dem sie aber auch nur, um nicht in Oberflächlichkeiten auszuarten, sich die Darstellung der Form und die Wiedergabe des Inhaltes angelegen sein liess. Daher konnte einerseits die Auseinandersetzung zwischen Vergleich und Gleichniss und andrerseits der Nachweis der zwischen den italienischen Gedichten und ihren Quellen bestehenden Beziehungen hier nicht geliefert werden. Letztere Aufgabe bleibt einer besonderen Abhandlung vorbehalten. Natürlich sind jedesmal am Schluss eines Abschnittes oder einer kleineren Abtheilung die Ergebnisse unter einem allgemeinen Gesichtspunkte zusammengefasst, der dann am Ende zu einem Gesammturtheil ausgedehnt ist.

Schliesslich möge erwähnt werden, dass die Arbeit von den meisten bisher über die beiden Gedichte verfassten Untersuchungen insofern abweicht, als sie die abweichenden Lesarten der ersten und zweiten Bearbeitung des Fur.[1] verwerthen konnte. Gerade durch eine vergleichende Betrachtung dieser verschiedenen Fassungen wird uns erst der Zugang zu der Werkstatt des Dichters erschlossen.

Dass wir nur einen scheinbar bescheidenen Nutzen aus der Vergleichung gezogen haben, liegt am Stoffe selbst, welcher eine ausführlichere Heranziehung von vorn herein ausschloss. Die in Rücksicht auf den Umfang des zu behandelnden Materials

---

1) Orlando Furioso di Ludovico Ariosto da Ferrara. Secondo la Stampa del MDXVI. 2 vol. Ferrara MDCCCLXXV. — Orlando Furioso di Ludovico Ariosto da Ferrara. Secondo la Stampa del MDXXL 1 vol. ib. Die Ausgabe erschien zur vierhundertjährigen Jubelfeier der Geburt des Dichters und wurde von Crescentino Giannini besorgt.

geringfügigen Unterschiede konnten nur dann berücksichtigt werden, wenn sie inhaltlich oder formell zusehends von der als für den Furioso einmal anerkannten Form abwichen.˙ Dergleichen Differenzen sind dann meistentheils gleich an Ort und Stelle eingereiht; sobald sie sich aber als zu wesentlich herausstellten, wurden sie später an passender Stelle eingefügt und mit einem Hinweis auf den geläufigen Ausdruck versehen.

Zur besseren Übersicht und um die Cresc. Giannini untergelaufenen Versehen in der Vergleichung der Ausgaben von 1516 und 1532 wieder gut zu machen[1]), ist am Schluss der Abhandlung ein ausführliches Verzeichniss aller drei Ausgaben und ihrer Abweichungen angehängt.

Formale Seite der Bilder und Vergleiche.

Der bildliche Redeschmuck beansprucht zunächst nur ein formales Interesse, in so fern er in anderen Wörten und Wendungen den Gedanken ausdrückt, als es die gewöhnlichen Ausdrucksmittel vermögen. Bei einer Gliederung der oratio ornans konnte ich daher nur von der Form ausgehn. Nach der herkömmlichen Eintheilung zerfällt der bildliche Redeschmuck in Figuren und Tropen, je nachdem entweder nur veränderte Ausdrucksweisen oder eine Umgestaltung der Vorstellungen vorliegen[2]). Wiewohl nun der Gegenstand vorliegender Arbeit dem Gebiete der Redefiguren zugehört, konnten doch die Tropen nicht völlig umgangen werden, zumal bei Ariosto im Gegensatz zu seinem Vorgänger die letzteren stark hervortreten, ferner ihre Heranziehung willkommene Belege für die Beweglichkeit

---

1) Ausgabe von 1521, p. 163—66.
2) Wackernagel: Stilistik und Rhetorik p. 382.

der Anschauungen und die Leichtigeit der Darstellung dieses Dichters gewährt [1]).

Es hiesse jedoch den Zweck der Untersuchung völlig verkennen, sollte von dem Inhalt der Bilder und Vergleiche ganz abgesehen werden. Dazu ist einestheils die Verbindung der beiden Bestandtheile der Vergleichung zu locker, da man ohne Mühe das sogenannte »Bild« von dem zugehörigen »Gegenstand« trennen kann; anderntheils ist der Stoff ein ebenso unerlässliches als charakteristisches Merkmal, dass erst ein tieferes Eindringen in denselben die Eigenthümlichkeit des Dichters und Künstlers würdigen lehrt. —

Der zwischen Vergleich und Gleichniss bestehende formale Unterschied [2]) wird auch in vorliegendem Falle als voll zu Recht bestehend anerkannt werden; nur erleidet er darin einen allerdings unerheblichen Abbruch, dass in dem ersten Abschnitt der ausgeführte Vergleich, welcher die ähnlichen Beziehungen von Bild und Gegenstand in zwei getrennten, syntaktisch von einander abhängigen Sätzen enthält, von dem Gleichniss unterschieden wurde, während die Allusion um des inneren Zusammenhanges willen erst bei der stofflichen Untersuchung abgehandelt werden wird.

Den passendsten formalen Ausgangspunkt bietet der Vergleichungssatz, in welchem zwei sonst von einander unabhängige Vorstellungen in einen innern Zusammenhang dadurch gebracht werden, dass man die eine auf die andere vergleichsweise bezieht. Sie werden eingeleitet durch [3]): 1) così come:

---

1) Zu einer consequenten Bezugnahme in der Weise, wie sie eben angedeutet wurde, wäre eine breitere Anlage erforderlich gewesen, als im Interesse der Aufgabe lag. Ich habe deshalb darauf verzichtet.

2) Wackernagel: Stilistik und Rhetorik p. 387.

3) Vgl. Diez: Romanische Grammatik [3]III, 392 ff. — Wenn in diesem einleitenden Abschnitte weniger Beispiele gegeben werden, so geschieht es wegen der Einfachheit der Verhältnisse. — Aus demselben Grunde ist später eine überflüssige Citatensammlung vermieden. — Ferner diene zur Orientierung der verschiedenen Hinweise: cf. bezieht sich entweder auf eine dem Sinne oder Wortlaute nach ähnliche Stelle oder, wie es im zweiten

Inn. II:26,11 (Fur. 20,44; 28,13; 29,27); III:5,39. Fur. 12;86; 13,62;
14,10.33; 21,27; 25,13. — 2) si come: Fur. 4,28.*— 3) come
ohne Intensivum: Inn. III:5,13; Fur. 15,52. — 4) tanto —
quanto: I:1,24; 2,60; 9,71; 12,28; 14,3; II:2,13; 11,57. Fur. 4,12;
5,24; 23,103; 26,16 (41,9); 30,56; 31,82; 34,90. — 5) quanto
ohne Correlat: Fur. 2,2; 9,25; 31,64. se non quanto: Fur. 25,79.
Als Ausnahmefälle, insofern sie von den strengen grammatischen
Vorschriften abweichen, sind die Vermischungen von nicht einander ergänzenden Intensiven und Correlaten zu betrachten:
tanto — come: Inn. I:21,68. tanto — quale: Inn. I:24,24.

Diese Comparativsätze der Gleichheit enthalten sämmtlich
Vergleichungen zwischen zwei Vorstellungen von Thätigkeiten
und Zuständen verschiedener Subjecte, zu deren Ausdruck
zwei völlig ausgeführte Sätze nöthig sind. Ebenso können auch
zwei Eigenschaften desselben Subjectes mit einander verglichen werden, so dass beide Aussagen in einen Satz zusammengezogen werden: 1) cosi — come: Fur. 2,74; 5,21;
10,95; 23,110; 34,61. — 2) come ohne Intensivum: Fur. 24,72.
Dagegen in zwei getrennten Sätzen in der Verbindung: tanto
— quanto: Inn. I:9,51; Fur. 18,96.

Sobald die Intensität der einen Vorstellung gesteigert wird,
erleidet das Verhältniss beider Sätze eine wesentliche Verschie-
bung: der Hauptsatz enthält den comparativen Begriff, infolgedessen wird der Nebensatz mit che eingeleitet; doch können beide
Sätze auch, wie eben gezeigt ist, in einen zusammengezogen
werden. Die Verbindung geschieht durch: 1) più — che:.
Inn. I: 3,43.44; 12,28; 25,16; II: 11,16. Fur. 9,60; 14,95; 15,46;
17,31; 18,51; 22,76. — 2) meno — che: Fur. 14,108; minore
che: Inn. I: 9,14; non meno di: Fur. 1,18. non meno che:

Theile bisweilen gemeint ist, auf eine Stelle, welcher bei einer äusseren
Übereinstimmung in dem bezüglichen Worte oder Begriff doch eine andere
Bedeutung zukommt. Die in runden Klammern beigefügten Citate ent-
halten nur Wendungen verwandten Inhaltes, ohne geradezu stichhaltige
Belege für das Vorhergehende zu sein.

Fur. 11,63; 32,79; 83,22; 37,52. — 3) maggiore che: Inn.
1:12,25; II:4,78. — 4) meglio che: Inn. I:3,19; 11,3.
migliore che: 9,8. Fur. 7,69; 41,45.

Trotz des comparativen Begriffes können beide Beziehungen
gleichgestellt werden: tanto più — quanto più: Inn. II:5,10.
quanto più — tanto meno: Fur. 11,29. come manco
— altrettanto: Fur. 19,79 (cf. ¹,²17,78 bezw. v. 79).¹).
Rein pleonastisch begegnet più als Zusatz zu tanto in:
quanto — tanto più: Inn. I:7,13; II:5,48; Fur. 30,56.
Ein gleichfalls comparativischer Begriff muss hier eingereiht
werden: non altro che: Inn. I:7,69; 11,14; 15,7; II:6,34;
23,26; III:8,24. Cf. Fur. 24,109, wo dieser Ausdruck als sub-
stantivisches Attribut gebraucht ist. — Halb modalen, halb con-
secutiven Charakter hat die Formel: in guisa che Fur. 4,49.

So wie man nun zwei Seiten desselben Subjectes mit einander verglich, so konnte andrerseits eine Seite des einen mit
derselben oder einer ähnlichen Seite eines andern Gegenstandes in Parallele gesetzt werden: auf diese Weise entstand
die bildliche Vergleichung und entwickelte sich von
dieser einfachsten Stufe zu der höchsten des Gleichnisses. Während die blosse syntaktische Vergleichung auf den Inhalt der
beiden Vorstellungen keine Rücksicht nimmt, sucht diese Ver-
gleichungsgattung verwandte Beziehungen auf verschiedenen Gebieten darzustellen, nicht als ob sie in der That vorhanden
wären, sondern das Vergleichende tritt zumeist bloss als ein
Gedachtes zu dem Verglichenen — es regt nur eine Vorstellung
an, um eine andere zu veranschaulichen.²) — Gleichwohl be-

1) Die oben beigefügten arabischen Ziffern bedeuten die erste und
zweite Ausgabe des Furioso vom Jahre 1516 und 1521, die nachfolgende
Zahl weist auf die Gesangnummer in den bezüglichen Texten hin.
In besonderen Fällen, wo die beiden ersten Ausgaben eine dem Sinne
oder Wortlaut nach von der letzten abweichende Gestalt bieten, ist auch
diese durch den entsprechenden Index, oben links an der Gesangnummer
angebracht, hervorgehoben.

2) Hier ist der geeignete Ort, um über zwei Ausdrücke, welche im
Verlaufe der Untersuchung noch öfter wiederkehren werden, einige er-

steht das grammatische Verhältniss weiter, da sich das Vergleichende dem Verglichenen unterordnet, ausserdem gilt jetzt der höhere Standpunkt eines poetisch brauchbaren Darstellungsmittels. So sonderte man vorerst den Vergleich vom Gleichniss und schied dort die einfache Vergleichung von der mehrfachen und gehäuften, den flüchtigen, andeutenden Vergleich von dem ausgeführten — jener besteht nur, abgesehen von dem verglichenen, aus dem vergleichenden Object mit der Copula, dieser trennt die Beziehungen in zwei selbständigen, syntaktisch verbundenen Sätzen.

---

klärende Worte zu sagen, damit eine Verwechselung der durch sie bezeichneten Begriffe vermieden werde. Sie betreffen die Ausdrücke »Vergleichendes« und »Verglichenes«, denen auch »Bild« und »Gegenstand« in Bedeutung und Anwendung entsprechen. Der erste, und vielleicht einzige, welcher die beiden Benennungen streng von einander schied und dieser Scheidung eine gewisse Berechtigung erfocht, war F. Vischer (Ästhetik III. Bd. 2. Heft § 852). — Der Unterschied erscheint auf den ersten Blick unbedeutender, als er sich bei schärferer Prüfung herausstellt, insofern der Dichter durch Zuhilfenahme dieses Darstellungsmittels seine Befähigung als malerisch anschaulicher Schilderer nachweisen kann. Schon durch die Analogie der Syntax, welche den Nebensatz, den eigentlichen Comparativsatz als vergleichenden, den Hauptsatz als verglichenen Satz hinstellt, erhalten die Ausdrücke »Vergleichendes« und »Verglichenes« ein gewisses Recht. Danach ist es ganz selbstverständlich, dass wir dasjenige, welches den Anlass zu der willkürlichen Heranziehung eines völlig ausser Zusammenhang mit ihm stehenden Objectes giebt, das Verglichene den »Gegenstand«, dagegen letzteres selbst, welches herangezogen ist, das Vergleichende, das »Bild« nennen. Eine Vertauschung der Bezeichnungen oder Verwischung des thatsächlichen Verhältnisses in dem Sinne, dass eigentlich beide Theile verglichen werden, also von der Unterscheidung eines »Vergleichenden« und »Verglichenen« nicht die Rede sein könne, ist unzulässig. Hat denn z. B. Ariosto, wenn er die schwankenden Schlachtreihen mit dem vom Winde bewegten Getreidefelde oder den Meereswogen verglichen hat, diese Naturereignisse als Hauptsache mit dem Moment der Handlung als Nebensache verglichen?

A. Einfache Vergleiche.

Die Einleitung bewerkstelligen:

1) Conjunctionen:

come (die gewöhnlichste Bindung): Inn. I:1,13.34.77; 2,22.25; 6,29; 14,53; 20,13; 28,15; II:1,10; 7,27; 16,6; 23,4; 31,35; III:1,13; 3,36; 8,59 etc.; Fur. 1,74; 2,55 (3,67; 43,157); 6,78; 10,51; 13,28; 18,192; 24,65; 35,76; 46,135. — siccome (sì come): Inn. I:1,59; 2,31; 3,18. — quasi (die Intensität schwächend): Inn. I:4,35; Fur. 7,13; ¹25,47 (²27,47 a guisa di).

2) Präpositionen:

a (so viel als: a guisa di): Inn. III:6,6. — da (Inn. I:11,9; II:1,47; 18,25; Fur. 36,48.52; 39,48. Es wäre verkehrt, wenn man die Verbindung mit »da« mit der vermittels »come« für identisch halten wollte. Es besteht zwischen beiden derselbe Unterschied, welcher zwischen »en« und »comme« im Französischen vorhanden ist. Während »da« das Wesen oder die Eigenschaft einer Person bezeichnet, leitet »come« eine indirecte Beziehung einer Person auf eine andere ein, welcher die erstere im Wesen oder ihrer Eigenschaft nach ähnlich ist oder sein soll. Es sind daher beide Verbindungen streng aus einander zu halten. So z. B. verbindet Ariosto disperato ausschliesslich mit »da« — Fur. 36,48; 39,48, wozu Bojardo das mit »come« eingeführte Pendant bietet: Inn. I:5,53; 16,58; II:4,15, welches die »Reali di Francia« allein bevorzugen: s. Ausgabe von Bartol. di Gamba, Venezia 1821: I, 53; II, 32 (p. 164 u. 165); III, 8.14; VI, 31.

3) Pronomina.

quanto: Inn. I:1,38; II:5,14; III:3,39. — quale: Fur. 2,11; 28,101; 34,65.

4) Adjectiva und Adverbia.

simile: Fur. 14,133; cf. Inn. I:18,44. — indifferente: 23,111. — più (ohne adj. oder adv. Verbindung): Fur. 14,112; 18,176; 30,28. — ne più: Inn. I:21,21; Fur. 43,179; non più

che: Inn. II:20,32; Fur. 31,56; 18,12. — più mit dem nachfolgenden adj. zu einem comparativen Begriff verschmolzen: Inn. I:4,48; 17,24; 27,59; 29,4; III:5,49; Fur. 1,49
(43,4); 10,23 (18,78; 46,140); 11,50 (12,49); 18,144; 22,32 (30,57);
28,9.30; 36,46 etc.; 6,17 mit einem particip verbunden. — più
mit einem adv. zu einem comparativen Begriffe verbunden: Fur. 10,47. — maggiore: Inn. I:8,58; II:15,15; III:3,4;
Fur. 37,41. — minore: Fur. 3,58; 6,8; 27,35; meno: Fur. 2,6;
nè meno: 10,34; manco: 22,83. — peggiore: Inn. I:9,17; peggio: Inn. I:10,1; Fur. 39,37. Diese Wendungen — nämlich die
mit »peggio che« — sind durchaus volksmässigen Charakters,
ebenso die mit »altro che«: Inn. I:2,63; 14,55; 27,22; II:27,10;
28,20; Fur. 20,21; 22,22; 25,68. Inn. III:3,9 steht »che« nach »altro«
pleonastisch, da diese Verbindung mit dem inf. der abgekürzten
Form des abhängigen Fragesatzes nachgebildet ist. Ein gewöhnlicher Ausdruck ist non altro che: Inn. I:7,69; 11,14.40; 15,7;
II:6,34; 23,26; 24,57; 28,29. Von adverbialischen Redeweisen,
modalen Sinnes zwar, aber mit »come« gleichbedeutend, kennen
beide Dichter nur: a guisa: Inn. I:5,60; 7,20; 15,3; 20,32;
II:5,31; 9,33; 20,16; 25,42; 30,34; III:2,29.34.46; 5,3; 8,40; Fur.
1,63; 2,56; 3,15; 9,75; 27,47; 33,41; 37,88; 44,40. — in modo:
Fur. ¹1,37 (²,³1,37 ist der ganze Passus einschliesslich des Reim-
wortes geändert); und in vista: 38,32. Die ersteFormel kommt
bei Bojardo 27 Male und bei Ariosto 11 Male vor; am auffal-
lendsten ist dabei, dass besonders bevorzugt ist: a guisa di
serpente: Inn. I:16,24; 21,18; II:2,59; 7,20.

5) Ausserdem vermitteln Verben die Vergleichung:

parere: Inn. I:2,37; 5,35; 25,44; II:17,28; 19,32; 23,77;
III:7,51 etc.; Fur. 15,69; 17,90; 23,69; 26,74; 44,86 etc.; ap-
parere: Inn. I:3,21. — sembrare: Inn. I:8,25; II:10,10; 29,32;
30,38; III:5,14 etc.; Fur. 3,72; 9,68; 16,19 etc.; assembrare:
Inn. I:5,59; 11,35; 16,48; 29,49; II:4,51; III:3,31; rassem-
brare: Inn. I:5,80; avere la sembianza: III:7,52. — simigliare:
Inn. I:2,66; II:17,18; assimigliare: Inn. I:4,57; II:8,18; Fur. 9,88;

rassimigliare: 34,71. — pareggiare: Inn. II:11,22. — adeguare: Fur. 22,14. — imitare: 10,60; 15,22. — stimare: Inn. I:9,45; far stimo: Fur. 1,61; prezzare: Inn. I:25,16; tenere: II:12,39; curare: I:2,20; 5,16; 6,6.31; III:8,29; avere cura: I:7,12; Fur. 15,46. — tenere cura: Inn. I:3,76. — avere caro: II:11,9. — valere: Inn. I:10,18; II:1,47; Fur. 2,6. — In den meisten Fällen kommen die Werthangaben bei den bezüglichen Verben dem Begriffe der Negation gleich. Wie vornehmlich in der alten Sprache Frankreichs die ursprüngliche Verneinungspartikel durch Substantiva, welche sich keines besonderen Ansehens erfreuten, verstärkt wurde, so scheint es auch mit den gleichwerthigen italienischen Ausdrücken »non stimo un vil lupino, una paglia« u. a. dieselbe Bewandtniss zu haben, da wir Analoga wie »brin, goutte«, zu denen das schon im Lateinischen vorhandene »faba« tritt, zu Gunsten unserer Auffassung anführen können. Die Bedeutung der betreffenden Auslaute kommt schliesslich dem einfachen niente (Inn. I:1,4) völlig gleich. — Dem gedrungenen Stil Bojardo's, welcher auch diese Wendung dem Volke abgelauscht hatte, kam ihre schlagfertige Kürze besonders da zu statten, wo er mit einem kurzen Strich einen Zug flüchtig andeuten wollte. — Der Inhalt, die Werthbestimmung, kann natürlich von nur geringem poetischem Werthe sein, sowohl wegen der Allgemeinheit oder Trivialität ihres Gegenstandes, als auch infolge ihrer häufigen Wiederholung; denn wenige Seiten wird man aufschlagen, welche derartige Ausdrücke nicht enthalten. Ariosto hat diese vulgäre Redeweise sorgfältig vermieden (nur Fur. 22,83 zählt hierher). Während oben Beispiele gewählteren Inhaltes gegeben sind, mögen nunmehr einige der volksmässigen Art folgen: valere: Inn. I:17,63; 22,20; apprezzare 20,20; curare 27,6; II:17,25; stimare: Inn. I:3,13; 15,59; 23,39; 26,62; II:5,66; 6,49; 9,47; 15,1; III:2,50. Giovare: Inn. I:36,26; nuocere: II:2,23; credere: 20,50 sind ebenso gebraucht. Von entsprechenden subst. folgen: vantaggio Inn. II:31,44 und valore I:7,54 derselben Richtung. trattare, als sinnverwandtes Verb, Inn. I:1,88; 7,58 sei gleichfalls erwähnt. Dagegen hält sich misurare (Fur. 24,65) naturgemäss von solcher Verwendung frei.

Das Vergleichende wird indess nicht immer als nacktes, jeglicher näheren Bestimmung entbehrendes Substantiv eingeführt, vielmehr begleiten es auch unter diesen Umständen attributive Zusätze, um den ihm zu Grunde liegenden allgemeinen Begriff zu specialisieren. Dergleichen Verdeutlichungen überschreiten auch keineswegs die Grenze des einfachen Vergleiches; denn sie bedeuten weniger eine Erweiterung des Satzgefüges, als dass sie das Vergleichende näher bestimmen und erläutern, welches durch eine allzu häufige Anwendung in seiner allgemeinsten Bezeichnung Gefahr lief, seinen eigentlichen Zweck zu verfehlen. Das nächste Auskunftsmittel bot sich in dem Epitheton ornans: buon montone: Inn. I:6,39; castroni balordi 1,44; bel trofeo Fur. 31,43; grande e spaventoso tuono 14,133; fier leone Inn. II:16,26 (cf. III:5,49); Fur. 26,19; famelico orso 13,28; drago infiammato Inn. I:16,36; fragil vetro Fur. 9,17; 38,50; vetro frale 16,49; insensibil pietra Fur. 1,39; fenero latte 25,15; arida paglia Inn. III:1,19; olio ardente II:4,53; fiamma viva I:5,49; 26,29; 29,49; vampa viva Inn. I:1,33; matutina stella ,21; statua immota Fur. 20,22; lupo cacciato 17,91. Das im Verhältniss zu der Zahl der einfachen Vergleiche kärgliche Material liefert im Einzelnen kaum Bemerkenswerthes; denn ausgenommen Fur. 17,91 zählt jedes der Epitheta entweder zu den stehenden, epischen Beiwörtern, oder es bezeichnet eine ganz allgemeine Eigenschaft. »Die Einfachheit der Anschauungsmittel« muss auch hier zugegeben werden, doch bewirken nur einige wenige (Fur. 13,28; 17,91;) »eine Entwicklung des Subjects an sich für das innere Anschaun . . . . . eine wesentliche Aufthauung des im Worte erstarrten Bildes«[1]). Das vorletzte Beispiel steht im Gegensatz zu dem Gleichniss Fur. 17,89; sonst sind die übrigen Beiwörter eher entlehnte Formeln als poetischer Schmuck.

---

1) Visoher: Ästhetik II, 5 § 857.

Indess leisten einige andere, geradezu müssige adverbiale
Zusätze noch weniger: tutto quanto Inn. I:22,53; nè più
nè meno II:7,59; o poco o meno III:9,18; veramente II:5,36;
die, sämmtlich im Versschlusse stehend, vorzugsweise dem Reim
zu Liebe gesetzt sein mögen. Dagegen machen einige adverbiale
Zusätze eine erfreuliche Ausnahme: Fur. 44,4 wird durch ihren
Hinzutritt der metaphorische Vergleich ermöglicht. ·Quasi
Fur. 14,112 (Inn. I:8,40) schränkt die Aussage ein; dagegen wird
sie durch proprio: Inn. I:5,35.39.40, II:10,34, 18,23, 26,14 gehoben. Um der Vergleichung mehr Nachdruck zu verleihen,
erhält das Substantiv bisweilen durch alcuno und ogni eine
verstärkte Bedeutung Inn. I:9,9; 15,29; 21,57; Fur. 35,11. — Denselben Zweck erfüllt solo: Inn. I:10,19.

Weit häufiger begegnet die Bestimmung, welche durch Substantive, die entweder im attributiven Verhältniss stehen oder,
durch Präpositionen mit einander verbunden, die verschiedensten Beziehungen ausdrücken, vermittelt wird.

a. attributive Bestimmung: angelo di quei del
sommo coro: Fur. 18,166; dea del paradiso: Inn. II:23,12; che-
rubin del paradiso: Fur. 28,39; coda di serpe: Inn. II:4,56;
fortuna di marina: I:11,35. — b. locale Bestimmung:
facella tra' nemici: Inn. I:15,43; scoglio in mezzo al mare:
II:6,40; torre a cima di castello: Inn. I:16,48; vento in mare:
III:6,4; vento di fortuna in mare: II:14,32; vento di tramontana
in mare: I:2,43; arena del mar dinanti ai venti: Inn. I:1,20; neve
al sole: II:17,58; sole fra le stelle: Inn. II:20,14; statue immote
in lito al mare: Fur. 20,22; gemme in un riccamo d'oro: Fur.
39,17; lasca a l'esca 33,14. — c. temporale Bestimmung:
rosa più fresca del mese di maio: Inn. I:10,14 (cf. II:11,35);
sole·a mezzo giorno: I:25,12. — d. modale Bestimmung:
sasso pare di durezza: Inn. I:5,16. — e. stoffliche Bestimmung: uomo di neve: Inn. II:10,45; uomo di paglia:
Fur. 22,95; foco d'esca: Inn. III:1,21.

Ein Participialsatz giebt gleichfalls das locale Verhältniss an: demonio uscito dell' inferno: Inn. I:16,32; sasso

uscito d'una fromba: II:9,39; sospiri che parean di foco usciti:
Fur. 2,18; levrieri usciti di catene: Inn. II:29,48; ghiaccio posto
al caldo sole: Inn. I:3,64; due ghiacci posti al sole: 12,48; iso-
letta posta a mezzo il mare: II:13,58.
Eine modale Tendenz verrathen Wendungen, wie z. B.:
come rocca, cinta d'alto muro: Inn. I:10,32; fuoco assembra di
furore acceso: 19,10; par cangiato in insensibil pietra: Fur. 1,39.
Dieser Ausdrucksweise liegt die relativische Erweiterung am
nächsten, schon deshalb, weil die meisten eben aufgeführten
Verkürzungen sich am einfachsten in solche Nebensätze auf-
lösen lassen. — Wesentliche Beziehungen drücken aus:
Inn. I:7,5: un fiume che fende la marina (cf. 11,1); III:4,31:
fiume grosso che trabocca (cf. I:18,13; II:23,59; Fur. 14,129);
un acciaro che non ha macchia alcuna: Fur. 34,70; donna che'l
demon rio percuote: 43,158; buffolo che il muso ha fuora e i
piedi in su la sabbia: Inn. III:3,57. — Scheinbar überflüssige Zusätze enthalten: Inn. III:2,23: par d'un foco che
riluca; Fur. 2,71: come di face ch'ardesse in mezzo alla
montana cava; Inn. II:3,40: voce par corno che suona; Fur.
9,47: E più duro ch'acciaro, ch'ora non teme; 29,53: augel-
letto che voli in aria. — Eine Begründung des Vergleichs liegt
in Inn. I:22,51. — Auch. Temporalsätze erläutern den Begriff
des Vergleichenden: negro quanto un carbon quand' egli è
spento: Inn. I:1,38 (cf. 4,34), quando s'amorza: II:22,16. (Beides
inhaltlich völlig identische Fälle.)
Seltener ist das Verglichene durch eine nähere Bestimmung
ausgezeichnet, die indess auch auf das Vergleichende einwirkt:
Inn. II:10,37: l'acqua che nel corso una ruina pare; I:6,3: parve
un uccello ch'altro colpo avesse a radoppiare.
Zu den relativischen Erweiterungen gehören auch die allgemeinen Wendungen »come colui, come quello che«,
welche beide zu dem einfachen »come chi« zusammengezogen
werden. Diese Ausdrucksweise kann als das Mittelglied zwischen
dem einfachen und ausgeführten Vergleiche angesehen werden.
Schon das syntaktische Verhältnis des auf das Determ. folgenden

Relativums drängt über den einfachen Satz hinaus, ohne dass zu gleicher Zeit die Beziehungen wesentlich geändert würden; denn an Schärfe der Bestimmung steht diese Formel dem Wortvergleiche beinahe nach, zumal um einen allgemeinen Inhalt darzustellen der blosse Wortvergleich oft genügte; z. B. Inn. I:16,44; Fur. 23,39. Dagegen ist eine Contraction in folgenden Beispielen, die eine complicirtere Vorstellung im Relativsatze ausdrücken, unmöglich: Inn. I:9,12; II:13,22; Fur. 1,18; 14,15 etc. etc. Bojardo giebt auch hier die meisten Belege, welche seine Maniriertheit deutlich offenbaren. Die Umschreibung verliert dadurch bedeutend. — Es mag erlaubt sein, darauf hinzuweisen, dass den mittelalterlichen Dichtern diese Ausdrucksweise sehr geläufig war: mit den einfachsten Mitteln wurde so ein Vergleich hergestellt. Noch Dante bedient sich dieser Anknüpfung, die in wirkungsvollem Gegensatze zu dem reicheren Schmuck der auch bei ihm schon in den ersten Anfängen vorhandenen »neuen Poesie« steht.

a. Der Inhalt des Relativsatzes ist eine einfache Vorstellung: α. come colui che: Inn. I:2.19; 16,44; 25,25; II:2,21; 10,17; 29,40; III:4,25; Fur. '19,41; 23,41; 38,69. — β. come quello che: Inn. I:2,55; 24,34; 27,39; II:13,22; 17,14; 25,37; III:2,19 (Inn. II:1,46 ist eine Umschreibung ohne jede vergleichende Beziehung); Fur. '3,5; 3,13; 16,7; 20,36; 23,39; 30,49. — Ariosto bevorzugt den letzteren Ausdruck, dreiviertel sämmtlicher Stellen beweisen dies; Bojardo verwerthet hingegen »come colui che« öfter. — γ. come chi: nur Fur. 23,69.

b. Das Relativum leitet ein mehrfaches Satzgefüge ein, welches verschiedene Vorstellungen verbindet: α. come colui che: Inn. II:15,4; 16,4; come colei che: Fur. 36,21; β. come quello che: Fur. 1,18; 3,5 (cf. '3,5). Je einmal bei beiden Dichtern sind zwei Relativsätze, auf »come, colui, quello« folgend, in einen zusammengezogen: Inn. II:2,46; Fur. 9,14. — Wenn Inn. I:3,61 auf »come quello« ein »cosi« bezogen ist, so muss die Setzung des Intensivums als Pleonasmus angesehen werden, da sonst der mit »come« eingeleitete Satz

2*

unvollständig und unverständlich sein würde. — Gleichbedeutend mit den obigen Wendungen ist come uomo che verwandt: Fur. XI:3,67; XI:5,53. Eine Modification der gebräuchlichen Formel bietet: Fur. 35,61.

B. Ausgeführte Vergleiche.

Abtheilung b. der eben behandelten Anknüpfung nähert sich dem ausgeführten Vergleiche merklich, in dem zwei Sätze mit verschiedenen, gleichwohl ähnlichen Vorstellungsinhalten auf einander bezogen werden. Der ausgeführte Vergleich wahrt zunächst die Form des Comparativsatzes in zwei durch die Vergleichungspartikel verbundenen Sätzen, ohne sich dem Gleichniss, ausser in der Gestalt, zu nähern; denn einmal vertragen beide Sätze gemeiniglich eine Zusammenziehung in einen Satz, und dann begreift ihr Inhalt nur die einfachsten Beziehungen, welche das Gleichniss seiner Natur nach vermeidet. Die für letzteres so charakteristische Selbständigkeit seiner Hauptglieder fehlt dem ausgeführten Vergleiche gänzlich, weil hier nur eine, durch Nebenumstände nicht beschwerte Vorstellung an eine andere geknüpft wird.

1) Conjunctionen: come - cotale: Inn. I:4,44; III:8,27 (vgl. p. 13). — come ohne Intensivum: Inn. I:1,88; 14,29; 16,8; II:14,56; 28,36; Fur. 2,55; 4,11; 9,42; 14,50; 17,33; 40,26. — Der Vergleich Fur. 17,30 steht auf der Grenze des einfachen und ausgeführten Vergleiches: wird die Wiederholung des »fa« weggelassen, so ergiebt sich die einfache Vergleichung; cf. Fur. 25,23; Diez, Rom. Gr. ²III, 415. — si come oder siccome: Inn. II:15,3; Fur. 6,45; 12,86 (24,5).

2) Pronomina: tanto - quanto: Inn. I:5,83; 12,5. — tanto - che: Inn. I:3,6; 9,14.19; Fur. 8,28. — quanto ohne Correlat: Inn. I:5,54; 11,21; II:5,8; Fur. 2,47; 9,17.25; 23,82; 29,69; 30,15; 35,31. — quale - tale: Inn. I:3,69; 11,40; Fur. 31,69 (an dieser Stelle findet eine doppelte, tautologische Vergleichung statt). — quale - cotale: Inn. I:13,17. — quale ohne Correlat: Fur. 14,78; 46,73. — Die conjunctivische

und pronominale Einleitung verschmilzt: 1) sì - quanto: Inn.
I:11,11; 2) sì - quale: Inn. I:2,43; 3) tanto - come: Inn.
I:21,68. Es ist auffallend und für Bojordo's Stil im Gegensatz
zu Ariosto kennzeichnend, dass derartige Unregelmässigkeiten
nur im Innamorato vertreten sind; schon oben sind einige Beispiele dafür angeführt.

3) Adverbia und Adjective (Comparative): più
allein: Fur. 9,36; 11,41; 31,30. — non più che: Inn. II:16,42;
17,52 (cf. Inn. III:8,29). — più mit nachfolgendem adj. zu
einem comparativen Begriff verschmolzen: Inn. I:12,10;
Fur. ¹16,182 (cf.²16,182; ³18,182 Relativsatz eingefügt); Fur. 44,47.
— nè più - nè meno: Inn. II:6,42; minore: Fur. ¹27,35;
non meno: Fur. 31,48 (nè m.); 38,19; 15,80 (¹13,80 come-cosi).
In den übrigen Fällen kennzeichnet die Anwendung des Com-
parativs die später zu erörternden hyperbolischen Vergleiche.

4) Im Sinne von Adverbien oder Conjunctionen
stehen: a guisa che: Fur. 17,31 (cf. 37,88); non ad altra
guisa che: Inn. I:16,54.

5) Nur ein Verb vermittelt die ausgeführte Vergleichung:
parere: Inn. I:2,33; 4,65; 21,31; II:21,4; 26,14; III:5,42;
Fur. 2,42; 26,21. Der von »parere« abhängige Satz wird
entweder mit »che« eingeleitet, welches in der Regel den Conjunctiv nach sich zieht, oder es folgt der Infinitiv. Die letzt-
erwähnten Anknüpfungen entfernen sich von der ursprünglichen Form des »ausgeführten Vergleiches« insofern, als ganz
neue Satzarten die Bezeichnung zwischen zwei getrennten Vorstellungsinhalten vermitteln. Gleich dem einfachen Vergleiche
beschränkt sich also auch der ausgeführte nicht auf die Einkleidung des Comparativsatzes, sondern seine immerhin complicierteren Verhältnisse lassen auch andere Satzarten zu.

Die merkwürdigste Anknüpfung kommt wohl durch den Relativsatz zu Stande. Der Theil des verglichenen Satzes, auf dem
der Nachdruck ruht, ist indess zum Unterschied von den übrigen
Theilen mit dem Demonstrativpronomen bedacht und vertritt
zu gleicher Zeit das »tertium comparationis«. Es braucht nicht

weiter auseinandergesetzt zu werden, das letzteres einzig und allein die Vergleichung herstellt; denn bei einer Auflösung oder Umformung in den Comparativsatz würde der Vergleichungspunkt noch deutlicher hervortreten. Die Vorstellungen selbst sind aber völlig verschieden, und das ganze Verfahren trägt bald mehr bald minder deutlich den periphrastischen Charakter zur Schau. Von der Formel »come colui che« unterscheidet sich diese Bezeichnungsweise äusserlich schon dadurch, dass ihr die Vergleichungspartikel fehlt, innerlich dadurch, dass ihr Sinn nicht so allgemein und unbestimmt ist. Fur. 7,69; 13,37; 23,88; 29,68; 37,41 (mit angehängtem »maggiore«); 38,50. Dahin zählt die Rückbeziehung auf den das Subst. begleitenden bestimmten Artikel Fur. 25,56 29,8 oder auf »uno« Fur. 13,35.

Wenn in dem Vergleich das Vergleichende überhaupt nur als ein Hinzugedachtes vorgestellt wird, also auch die allerähnlichsten Beziehungen immer imaginäre bleiben, ohne dass indess der Zweck der Anschaulichkeit vereitelt wird, so giebt es hierfür nur die eine Erklärung, dass man sich das Vergleichende als wirklich vorhanden denkt. Sobald nun die blosse Vorstellung des Vergleichenden gegen die Realität des Verglichenen allein hervortritt, so muss sich diese veränderte Auffassung irgendwie äussern. Der Sprache steht hierfür kein anderes Mittel zu Gebote als der Modus; in dem Modalsatze der Möglichkeit werden zwei Vorstellungen mit einander verglichen, doch so, dass der Inhalt des Nebensatzes nur als ein gedachter, doch zu gleicher Zeit wirksamer vorgestellt wird. Das Hauptgewicht fällt auf das bloss Vorgestellte. Die Trennung wird äusserlich durch die beiden Satzarten gemeinsame Conjunction »come« wieder aufgehoben: »come se« und »come« leiten den unabhängigen Satz ein, das Tempus ist entweder der conj. impf. und plsqpf. oder conj. praes. und perf., und zwar ist die Zeitfolge des Nebensatzes von dem Tempus des übergeordneten Satzes abhängig.

a) come se: α. conj. impf. oder plsqpf.: Inn. III:8,32; Fur. 17,86; 21,3; 32,91; 42,19; 45,11. — β. conj. prs. oder prf.:

Fur. 1.3,22 (come 3.22); 4,38. Das »se« wird auch durch »che«
in »come che« vertreten: Fur. 18,101; ib. 12 ist dieselbe Conjunction mit dem Ind. verbunden, der indess die Bedeutung
des Conj hat.

b. come: *a*. conj. impf. oder plsqpf.: Inn. I:12,52; 16,63;
21,70; 24,33; 26,7.30: II:2,62; 8,5; 9,11; 15,46; 18,46; 29,34;
31,16; III:1,22; 2,20; 5,4; 8,27.56; Fur. 7.55; 18,190; 23,135;
29,63; 40,26. — *β*. conj. praes. oder pf.: Inn. II:21,14; 31,21.30;
Fur. 3,22 (1.3,22 come se); 4,4; 10,19; 23,89; 24,101. — Bisweilen entspricht dem »come« des modalen ein »cosi« des
Hauptsatzes, Fur. 2,33; 1 13,61 (cf. 2 13.15,61: non meno).
Eine gewagte Auslassung ist die des »come« vor »se«, so dass
der auf diese Weise verkürzte Modalsatz die Form des Conditionalsatzes der Möglichkeit annimmt (Inn. I:7,12); über seinen
Charakter lässt das voraufgehende »tale« nicht in Zweifel.
Schliesslich vertritt auch »quasi che« dieselbe Geltung: Inn. I:2,18;
III:6,8. Dass sogar diese dem reinen Vergleichungssatze ferner
stehende Beziehungsweise die vermittels »quanto« verkürzte
Form zulässt, beweist Fur. 14,130.

Aus dieser modalen Vergleichsart erklärt sich auch die
einfache Vergleichung durch »come« und ein mit »di« ver-
bundenes Substantiv als eine Contraction. Dass ein Unterschied zwischen »Gli spezza scudo e osbergo come vetro«,
Fur. 44,86, und »L'osbergo gli spezzò come di vetro«,
Fur. 37,50, vorliegt, bedarf wohl kaum eines ausdrück-
lichen Hinweises. Der Vergleichungspunkt ist beiden Beispielen gemein; doch liegt in der Ergänzung der beiden Ver-
gleichungsglieder zu zwei selbständigen Satzgliedern schon der
sachliche Unterschied verborgen. Im ersten Falle wird ein
Körper in Hinsicht auf eine merkwürdige Beschaffenheit mit
einem andern verglichen, dem diese Eigenschaft als Wesens-
attribut zukommt. Im letzten Falle werden beide Körper nicht
mehr getrennt verglichen, sondern nur in Folge eines eigenthümlich übereinstimmenden Verhaltens des verglichenen zum
vergleichenden Körper, fühlt man sich versucht, letztern für einen

stofflichen Bestandtheil des erstern anzusehn. Die Ergänzung des vergleichenden Satzgliedes zu einem Modalsatze der Möglichkeit spricht die hypothetische Natur dieser Ideenverbindung deutlicher aus. Noch intensiver ist sie da durchgeführt, wo ein Zeitwort des Scheinens die Vergleichung vermittelt. Um ein schlagendes Beispiel für die thatsächliche innere Verschiedenheit dieser Vergleichsart von anderen zu geben, sei auf Fur. 20,43 oder Inn. I:5,60 verwiesen. Während die erste Stelle über den Vergleichungspunkt nicht im geringsten in Zweifel lässt, obschon seine besondere Erwähnung unterdrückt ist, so kann man bei dem zweiten sehr wohl darüber unentschieden sein, ob nur das Äussere oder eine andere charakteristische Eigenschaft gemeint sei. Aus dem Zusammenhang ergiebt sich das Erstere. — Die Verbindung » come di« begegnet: Inn. II:15,4; Fur. 31,13; 37,50; parere di: Fur. 2,10; 15,69; 16,49; 23,82; 46,115 (Dagegen ist die alte Trennung in '31,70; 44,86 aufrecht erhalten.); mit dem Comparativ 20,43 verhält sich's ebenso. — sembrare di: Fur. 9,68; 19,94; 39,12; assembrare di: Inn. II:4,51. — Ebenso wenig sind die Beziehungen Inn. III:8,38 getrübt. Die stoffliche Vermischung wird direct ausgesprochen im Inn. II:20,55; Fur. 23,58; 44,65; 46,33. — Ähnlich liegen die Verhältnisse da, wo weniger eine stoffliche Vertauschung stattfindet, als vielmehr nur eine äussere Ähnlichkeit der Farbe den Anlass zur Heranziehung eines mit derselben behafteten Gegenstandes giebt. — Allein hier kann mit demselben Rechte von einer blossen Umschreibung gesprochen werden; man vergleiche zu den einschlägigen Belegen Inn. I:8,60; 28,24; II:23,77; 25,55; III:2,23; 7,51; Fur. 32,47; 35,76; 37,23; 43,144 folgende Stellen, denen diese Anführungen eher entsprechen, als einer Ergänzung zum Modalsatze: Inn. I:4,3; III:2,41; Fur. 17,12; 43,40; 17,30. — Wo indess ein blosser Genitiv, vor dem ein aus dem Vorangehenden zu ergänzendes Determinativum ausgelassen ist, in dem vergleichenden Satzgliede steht, liegen die Verhältnisse ganz so, wie bei dem einfachen Vergleiche Fur. 33,120; 16,13. — Auch in dieser An-

knüpfungsart tritt der schon beobachtete Gegensatz Ariosto's zu
Bojardo zu Tage: den weitläufigeren Modalsatz zieht letzterer vor,
während ersterer sich für die Verkürzung entscheidet.

Zum Unterschied von den bisher untersuchten Vergleichs-
methoden, welche ausschliesslich an den Gegenstand unmittelbar anknüpfen, findet bei dem secundären Vergleich eine indirecte Anknüpfung statt. Eine solche Beziehung besteht zwischen
Ursache und Wirkung, da beide in einem bestimmten Verhältniss
zu einander stehen. Doch würde uns die einfache Form nicht das
gewähren, was wir von der Übertreibung, welche die Wirkung
in Bezug auf die Ursache übermässig darstellt, verlangen: die
hyperbolische Vergrösserung, eine echt volksmässige Redeweise,
greift insofern in unser eigentliches Gebiet über, als sie bisweilen
verwandte Beziehungen übertreibt, die man in Wirklichkeit in
geringerem Masse wahrnimmt. Der Tropus der Hyperbel geht
uns hier noch nichts an, sondern nur da, wo der Satzausdruck
einen hyperbolischen Charakter trägt, können wir an den Vergleich anknüpfen. Die zeitlichen Verhältnisse werden
leicht übermässig ausgedehnt, ohne dass man allerdings von
einer hyperbolischen »Vergleichung« zu sprechen befugt ist: so
z. B. Inn. I:2,27,51; 4,13; 9,68; 12,42; 29,48; II:12,29; 20,42;
III:2,28 u. a.; Fur. 11,48; 9,24. — Die zum Ausdruck solcher
übermässiger Vorstellungen geeignetste Satzverbindung war un-
streitbar die consecutive: Inn. I:1,74; 8,49; 9,23; 14,60;
16,10; 23,43; II:1,23; 9,3; 14,8; 17,33; 23,49; III:4,53 etc.; Fur.
12,91; 18,41; 34,51 (38,89 ; 40,28; 41,15. Um die Lächerlich-
keit derartiger Übertreibungen zu veranschaulichen, sei auf
Fur. 20,130 verwiesen. Treffender könnte des Dichters ironischer Standpunkt wohl kaum dargelegt werden.

Die vergleichenden Beziehungen treten indess noch deutlicher da hervor, wo die eigentliche Wirkung unter einer
möglich-hyperbolischen veranschaulicht wird: Inn. I:5,4
(18,25); 10,2; 12,18; 14,20; 16,61; 21,48; II:27,4; III:3,25; 4,34;
7,18; Fur. 1,40,47; 7,37; 13,32; 18,186; 33,43; 36,5; 43,19 ;
Inn. II:8,8; 14,42; III:4,30 (Fur. 17,101); Inn. I:28,52; II:5,28;

9,9; Fur. 11,37; 15,94. Ähnlich Inn. I:2,20; Fur. 26,130. — Ebenso scharf äussert sich die hyperbolische Vergleichungsweise in den modalen Bedingungssätzen: Inn. I:2,5; 9,30; 17,18; 21,29; 23,24; II:7,51.56; 9,10; 22,49; III:5,55; 8,27; Fur. *26,61; 30,38; 38,68; 40,49.

Durch den Zusatz eines comparativen Begriffes entsteht die hyperbolische Vergleichung: Fur. 7,9; 18,7; 30,61; 31,86; 44,5. Die allgemeinste Form dieser Vergleichsgattung bezieht sich auf die Gesammtheit entweder alles Existierenden in Zeit und Raum oder auf eine in sich abgeschlossene Gesammtheit von Einzelwesen: Inn. I:1,21.24; 3,77; 4,38; 8,62, 11,33; 13,25; 28,53; II:1,52; 10,9; 11,25; 13,21; 14,20; 26,5; III:1,5; 4,11; Fur. 15,101; 16,20; 20,135; 30,17; 36,9; 43,57; 46,5. — Auch hier zeigt Bojardo eine unendliche Fülle ohne Abwechslung. Ariosto räumt derartigen Übertreibungen nur in lebhafter Schilderung oder in bewegter Rede einen bescheidenen Platz ein. — Bei einer andern Vergleichungsweise hyperbolischer Art bezeichnet der Dichter die Thatsache im Vergleiche als für jede Darstellung zu gewaltig, eine Lieblingswendung Bojardo's: Inn. I:1,11.80; 2,60.68; 4,31; 8,16; 27,28 etc. Dagegen drückt sich der Fur.9,80 massvoller und wahrer aus. Obgleich der Schilderung bei solcher Unumschränktheit der Anknüpfung die nachhaltigste Wirkung zustand, so fehlte doch die wahre Anschaulichkeit der Beziehungen, das Wesen jeder Vergleichung, die allein durch eine Einschränkung der zur Vergleichung herangezogenen Begriffe erreicht werden konnte, indem man die Ähnlichkeit zweier verschiedenor Gegenstände feststellte und dem verglichenen das Prädicat im hyperbolischen Sinne verlieh. Auch hier leistete Bojardo das Meiste, wenn auch nicht das Beste.

a. Die hyperbolische Vergleichung wird durch einen Comparativ dargestellt: Inn. I:6,42; 9,14; 28,21; II:8,28.57; 14,35; 15,49; 25,10; 27,32; III:2,57; 6,30; Fur. 0,39 (32,38); 13,16; 19,52; 23,14; 29,64; 35,11; 43,109 etc. —

b. Die hyperbolische Vergleichung wird durch einen Positiv mit entweder nachfolgendem oder beigefügtem Correlat oder Intensivum dargestellt: Inn. I:1,38; 16,33; 24,9; II:7,16; Fur. 5,20; 29,69. — c. Der Relativsatz enthält einen hyperbolischen Vergleich: Inn. II:5,6.

In gewissem Sinne gehören die schon p. 13 f. erwähnten, mit »più« oder einem comparativischen Begriff eingeleiteten, einfachen Vergleiche zu dieser Vergleichsgattung; denn fast überall, wo ein Comparativ in dem verglichenen Satze steht, hat letzterer eine hyperbolische Bedeutung. — Die oben angeführten Belege zu wiederholen, verbietet uns die Kluft, welche den einfachen von dem ausgeführten Vergleiche trennt. Gleichwohl ist es geboten, hier mit kurzen Worten auf die Natur der Erscheinung zurückzukommen. In jeder Vergleichung ist das Vergleichende stets als Begriff, überhaupt als der vorzüglichste Vertreter des Vergleichungspunktes gedacht. Eine Eigenschaft wird dadurch nur in ihrer höchsten Intensität dargestellt, so dass eine Steigerung nicht gut mehr möglich ist. Wenn z. B. die weisse Farbe eines Gegenstandes mit Schnee verglichen ist, so gilt der Schnee in diesem Falle als der geeignetste Vertreter derjenigen Eigenschaft, welche einem andern Gegenstande in demselben Masse beigelegt werden soll. Sobald aber dieselbe Eigenschaft einem dritten Gegenstand in noch höherem Masse zugedacht ist, als sie der Schnee besitzt, so soll, da die Vorstellung eines höheren Grades des Vergleichungspunktes schlechterdings unsere Vorstellung übersteigt, damit nur gesagt werden, dass dem verglichenen Gegenstande die betreffende Eigenschaft in ganz ausserordentlichem Masse, in überraschender Weise zukommt. Der Form nach ist es eine hyperbolische Vergleichung, dem Sinne nach bezweckt eine derartige Beziehung nur ein gespannteres Interesse des Hörers wachzurufen. — Vereinzelt vertritt unter denselben Umständen das Vergleichende nur ein ganz beliebiges Ausdrucksmittel, ohne dass es gerade als der Vertreter »par excellence« für den Vergleichungspunkt anzusehen ist. — Auf diesem Gebiet hat nun Ariosto den älteren Rivalen völlig aus dem Felde geschlagen. Die Belege aus dem Furioso

übertreffen die gleichwerthigen Belege aus dem Innamorato an
Zahl um das Dreifache. Es bestätigt sich somit, was wir vorhin im Allgemeinen bemerkten: die verfeinerte Diction Ariosto's
gebraucht dieses Mittel lediglich, um dem verglichenen Gegenstande den Vergleichungspunkt in einem besonders hohen Grade
zuzuschreiben, während Bojardo die gesteigerte Intensität der Beziehung selbst und der zu ihr gehörigen Vorstellung im Auge hat.
Eine eigenthümliche Vergleichungsart, welche ihrer Form
nach Vergleichung, ihrem Sinne nach Metapher ist, darf hier
um so weniger übergangen werden, als auch sie durch eine,
wenn auch indirecte, Mitwirkung der hyperbolischen Vergleichung
zustande kommt. An Umfang steht sie dem einfachen Vergleich
am nächsten; inhaltlich unterscheidet sie sich dadurch von den
bisherigen Methoden, dass sie in einer Doppelbedeutung entweder des Prädicats oder des Vergleichenden wurzelt, und zwar
bezieht sich die natürliche Bedeutung nur auf das Vergleichende,
die tropische dagegen nur auf das Verglichene: z. B. Fur. 18,13:
De nigrò sua fama più che pece (identisch damit ist 23,74).
Ähnliche Beziehungen bestehen: Fur. 7,60 (3,59; 13,59);
33,33; 37,13; 44,4.10. — Weitere Beispiele für die Doppelbedeutung des Prädicates sind: Inn. I:27,13.25; 28,20; II:10,47; Fur.
5,18.20; 21,66. Von Seiten Ariosto's wird dieser Anknüpfung
eine öftere Verwendung zu theil, während die Beispiele aus dem
Innamorato schon der Zahl nach wenig besagen. — Verwandte
Verhältnisse begegnen: Inn. I:5,3.13; 6,63.66; Fur. 26,132; 43,168.
Zwar bietet die Vergleichung nichts Auffälliges mehr, da dergleichen Übertragungen durch die Gewohnheit eingebürgert sind,
allein ihre Erklärung finden sie nur in einer den Vorgang weit
übertreibenden Vorstellung*). Ohne Nachtheil können wir dieser
Gruppe noch die folgenden Stellen zuweisen, weil sie auf demselben Ideengange beruhen: Inn.:II:15,27; III:5,56; Fur. 20,99; 35,30.

---

1) Man vergleiche dazu Fur. 18,162: Der hyperbolische Ausdruck
»ondeggiò« giebt von vorn herein ein gewisses Recht dazu, das »wogende
Blut« mit einem »Strome« zu vergleichen. Infolge derselben Ideenassocia-
tion konnte dasselbe Zeitwort auf »das vom Winde bewegte Getreidefeld«
angewandt werden 28,92.

Anders steht es mit Inn. II:3,10 und Fur. 10,47; 44,47; dort sind zwei Vergleichungen so in einen Satz zusammengezogen, dass beide Verben, deren jedes einzelne nur auf ein besonderes Substantiv bezogen werden kann, einem gemeinsamen Subject widerrechtlich zugetheilt sind. Die ursprüngliche und verständliche Vergleichung muss deshalb beide Beziehungen in zwei zugehörigen, selbständigen Satzgliedern trennen: »Poi tutto il regno mena a ruina, come una facella mette a foco«. — Die anderen Beispiele nähern sich wieder der tropischen Vergleichung, so gut als auch Fur. 43,39.118 nur durch sie erklärt werden können. — In allen diesen Fällen . veranschaulicht der Vergleich stets etwas Seltsames, Neues, so z. B. bei Bojardo; in den Belegstellen des Furioso tritt indess die hyperbolische Natur schärfer hervor. Anders verhält es sich mit: Fur. 14,50. Hier nimmt »pianto« die Bedeutung »des Weinens« an, und dadurch wird denn erst der Vergleich zustande gebracht. Reine Metaphern dagegen sind Fur. 23,58; 44,65. — Wie indessen dergleichen Beziehungen die bildliche Bedeutung einbüssen und zu blossen Formeln herabsinken konnten, das beweisen Inn. II:9,12; Fur. 25,31 (cf. 20,131). Fur. 12,86 ist ein blosses Wortspiel.

C. Mehrfache Vergleiche.

In sämmtlichen vorliegenden Fällen wird jedesmal nur ein Gegenstand mit einem andern verglichen, ohne dass jeder besondere Vergleich aus einer Vielheit von Vergleichen herausgegriffen wäre. Wenn nun ein Gegenstand sich von anderen, die von uns wahrgenommen werden, auffallend unterscheidet, so dass ein jeder einzelne Theil der Beachtung werth scheint und zu einer besonderen Anknüpfung herausfordert, entsteht der mehrfache Vergleich. Der Dichter sucht jetzt die Einzelheiten der Reihe nach im Bilde zu veranschaulichen, z. B. Inn. 1:5,27; 8,11; 21,29.40; 28,24; II:5,30.36; 9,62; 11,28/29; 15,10; 16,46; 19,24; 30,13; III:2,25; 3.57; 4,6/7; 7,45; Fur. 7,10/11; 18,16; 19,42; 20,43; 26,31; 33,84; 46,115.117. — Sobald zwei verschiedene

Gegenstände einander entweder gegenübergestellt oder gleich-
geordnet werden, tritt dieselbe Vergleichungsart auf. Der
G e g e n s a t z wird beabsichtigt Fur. 1,77; 16,53; 23,58; 26,19.23.
Die G l e i c h o r d n u n g findet statt: Inn. III:3,29; Fur. 8,6;
19,64; 24,61; 34,49/50.

D. Gehäufte Vergleiche.

So gut nun jeder einzelne Theil eines Gegenstandes den
Anlass zu einer Vergleichung mit ähnlichen Gegenständen bot,
ebenso gut konnte auch eine einzige charakteristische Eigenthümlichkeit von ihm nicht in der Anlehnung an e i n e n andern erschöpft werden, und die lebhafte Einbildungskraft des Dichters
glaubte, der vollen Anschaulichkeit derselben durch Beziehung
auf m e h r e r e bekannte Gegenstände Genüge thun zu müssen.
Zum Unterschied von dem mehrfachen Vergleiche blieb der gehäufte Vergleich bei einem und demselben Vergleichungspunkt.
Unsere beiden Dichter wandten der Vergleichshäufung einen guten
Teil der bildlichen Beziehungen zu: Inn. I:1,21; 8,58; 11,11; 20,6; II:7,4;
9,11; 19,10; 30,8; III:2,25; 8,14; 9,3; Fur. 3,37; 10,96; 14,124;
20,13; 28,63; 30,56 (37,78); 32,11.12.80; 43,158. — So geschah
es, dass auch die mehrfachen Vergleiche bei ihnen gehäuft auf-
treten: Inn. III:3,40; Fur. 14,130; 25,35; 27,21. — Zumeist enthalten auch die hyperbolischen Vergleiche Häufungen von Bildern, wie es die erregte Stimmung mit sich bringt, welcher
gerade dieses Ausdrucksmittel sehr gelegen kam: Inn. I:1,76;
6,12; 13,28; 14,15; 21,23; 27,13 (28,20). 23,25. 28,36; II:5,19;
8,19; 15,49; 16,5; 22,28 (Fur. 6,39); 29,2 (Fur. 14,99; 20,73);
31,19; Fur. 2,23; 6,18; 10,40; 15,15.40; 23,48.37.112; 25,114;
33,96; 44,62.

Während bislang durch die verschiedenartigsten Anknüpfungen die allerdings nur in der Einbildung vorhandene Ähnlichkeit zweier Vorstellungen genähert und die innere Divergenz
verwischt wurde, tritt der natürliche Gegensatz da schärfer
hervor, wo er durch entsprechende Wörter betont wird, oder

wo eine Verbindung absichtlich vermieden ist: dem Leser bleibt
es überlassen, aus den beiden derart gegenübergestellten Sätzen
den Zweck der Vergleichung zu abstrahieren. Hand in Hand
mit der veränderten Ausdrucksweise geht eine veränderte Tendenz. Wenn auch die Bestimmung der Vergleichung nicht vergessen oder auf den Kopf gestellt wird, so ist doch der unmittelbare Zweck ein anderer: diese Bezugnahme will weniger
anschaulich in dem bisherigen Sinne des Wortes wirken, als
vielmehr nur einen erläuternden Commentar zu einer allgemeinen
Behauptung liefern. Sie vertritt fast ausschliesslich die Bedeutung einer Sentenz, einen didaktischen Zweck. Unter solchen
Umständen hat der Dichter zu Vergleichshäufungen seine Zuflucht genommen, um die vorausgeschickte Aussage mit grösse-
rem Nachdruck zu bekräftigen. — Der Inhalt der Aussage besteht zunächst nur aus allgemeinen Thatsachen und Erfahrungen,
die sofort in einer bildlichen Anlehnung gewissermassen bewiesen werden. So ist z. B. durch Fur. 27.121 durch »che«
das in st. 120 Gesagte bestätigt, nachdem auf ähnliche Weise
st. 119 dieselbe Ansicht von einer anderen Seite beleuchtet war.
Ähnlich steht es Fur. 24.30.91; 31.2.4.33; 35.7; 37.7; 20.91;
1.50; 25.34; 24.41; Inn. II:30.44. — Inn. III:4.58; II:17.50
wird die Vergleichshäufung mit :però che» eingeleitet. Sonst
setzt man auch das modale »come«: Fur. 24.98; 27.156 (si come
- cosi); oder das gleichbedeutende »a questo modo«: Inn. II:8.9;
wo durch die Wiederholung dieses Ausdrucks der Gegensatz
stark betont ist. Die gewöhnlichste Form des Vergleichungs-
satzes ist Fur. 6.5 in demselben Sinne verwerthet. — Eine ähnliche Wirkung erzielt das adversative »ma«: Fur. 20.103, oder
die negative Copula »ne« und »non«: Inn. II:19.13; Fur. 25.35;
44.66. Wenn Inn. III:7.39 »e« die Verbindung beider Satzinhalte
herstellt, so wird dadurch, wie Fur. 43.128 durch »quello«, die
Hervorhebung des Verglichenen beabsichtigt. — Sonst wird dergleichen auch in die Form des Ausrufes gekleidet: Fur. 27.50;
32.23, oder, wie 44.62, leiht der Temporalsatz das Gewand her.
— Das Pathos wendet diese Formel vorzugsweise an; darum

werden auch die Sentenzen der Gesangseingänge auf dem Wege
der Vergleichung erläutert: Inn. I:16,1; 28,1/2; II:13,1; III:7,1/2;
Fur. 11,1; 21,1. — Die von Bojardo ausgiebigst benutzte »Exem-
plification« — die Belegung einer Thatsache durch ein Sprichwort — kommt hier nicht in Betracht, da sie sich wohl in der
Tendenz, nicht aber in der Form dieser Manier anschliesst. —
Wie aus den Beispielen ersichtlich ist, zieht die schwungvollere
Darstellung Ariosto's aus der bildlichen Anlehnung einen be-
trächtlichen Gewinn. Bojardo's weniger zahlreiche Belege stehen
im Einklang mit der schmucklosen Einfachheit seines Stils.
Die einzige, ganz volksthümliche Einleitung, in welcher der
Dichter wie zum Hörer spricht, möchte wohl am ehesten mit
der hyperbolischen Ausdrucksweise, welche p. 26 berührt ist,
zusammenhängen: Fur. 23,84.

E. Gleichnisse.

Als die höchste Stufe der figürlichen Ausdrucksweise, so-
fern sie nicht Bild und Gegenstand vertauscht, gilt das Gleichniss.
Es unterscheidet sich durch eine detaillierte Ausmalung aller
dem poetischen Zwecke dienenden Einzelzüge von dem Vergleich;
es begnügt sich nicht damit, in dem raschen Fluge des Vergleiches eine bequem wahrnehmbare Eigenthümlichkeit im Bilde
zu skizziren, sondern es will den Gegenstand ebenso sehr im
Bilde sehn, als umgekehrt das Bild im Gegenstand. Daher stellt
es höhere Forderungen an die Darstellung: es soll kein fremder
Zug den Fluss der bildlichen Vorstellung stören, das »tertium
comparationis« nicht ausser Acht gelassen und am Ende das
Moment, welches einer vergleichenden Beziehung günstig ist,
anschaulich wiedergegeben werden. Um diese Anforderungen
zu erfüllen, muss das Gleichniss nothwendig die engen Satz-
schranken des einfachen Vergleiches erweitern, so dass nicht
mehr zwei in dem Sinne des Comparativsatzes von einander
abhängige Sätze vorzuliegen scheinen, sondern die Vergleichung
in Folge des selbständigen Aufbaues auf festen Füssen steht;
die syntaktische Verbindung ist daher lockerer, ohne indess ganz

vernachlässigt zu werden. — Bisweilen scheint zwar jede Fessel abgestreift zu sein, wenn neue Satzarten die alte Verbindung vermitteln. Abgesehen von den gewohnten Beziehungswörtern des Comparativsatzes — welchen p. 2 und 12 eine ausführliche Besprechung zu Theil geworden, deren Wiederholung demnach überflüssig ist — tauchen völlig neue Satzeinkleidungen auf. Die beiden beachtenswerthesten Einführungen, welche, trotz ihrer verschiedenen Gestalt, in demselben Sinne auf das Interesse des Hörers berechnet sind, geschehen vermittels des Conditionalsatzes oder des von dem Substantivpronomen eingeleiteten Relativsatzes. Theils wenden sie sich direct an den Hörer selbst, theils rufen sie einer Gesammtheit den Vorgang ins Gedächtniss zurück, den der Dichter zu seiner anschaulichen Vergleichung verwerthen will. Der Conditionalsatz der Möglichkeit ist Inn. I:16,10 vertreten; in die Form des Relativsatzes sind dagegen mehr Gleichnisse eingekleidet: in der allgemeinsten Wendung sind anzuführen: Inn. I:2,2: 11,9; III:7,37; Fur. 27,25; 39,52; indess bietet sich für die directe Anrede nur ein Beleg: 26,17. Mit besonderem Nachdruck ist der die Vergleichung einleitende Ausdruck 40.31 an der Spitze des verglichenen Satzgliedes wiederholt. — Von allen anderen weicht die Einführung mittels des pron. determ. beträchtlich ab*): es werden die beiden Vorstellungen nicht mehr auseinandergehalten, sondern der Vergleichungspunkt wird gewissermassen durch den Inhalt der nachfolgenden oder vorausgehenden Vergleichung umschrieben. Dieses Verfahren konnte sich aber nur an allbekannten und oft wiederholten Vergleichungen desselben Objectes ergeben: Inn. III:9,5; 7,22: Fur. 12,74: 11,20. 16,24; 2,1,2 (dagegen 1,2,21,135 die gewöhnliche Form des Vergleiches aufrechterhalten): 25,17; 31,5; 70: 32,17; 37,124,79. — Da nun also der »quello« auch gleichbedeutende adject. oder ...

*) Ebenso zu ... die Vergleichung ... vische pron. rei. ... stimmten Artikel. erwähnt werden ... erörtert sind.

Anm. u. Abh. Tappert.

können, folgt aus Fur. 23,135 (v. 3). — Halb Metapher, halb
Vergleichung scheint die Form des Gleichnisses, welche das Vergleichende, statt es von dem Verglichenen zu trennen, mit letzterem identificiert, indem einer geläufigen Gedankenverknüpfung
zufolge, das Verglichene ohne Weiteres mit der Bezeichnung
des Vergleichenden bedacht wird und auf diese Weise die sonst
geforderte Wiederholung des ersteren überflüssig macht: Fur.
16,51. Derselbe Vorgang wiederholt sich in anderer Weise
Inn. II:22,9: nachdem die Ähnlichkeit des afrikanischen Volkes
mit dem Stallvieh im Einzelnen erläutert ist, identificiert der
Dichter ohne weiteres beide Begriffe. In directem Gegensatz
steht die ausführliche Auseinandersetzung und Begründung des
Gleichnisses, welche sich der Dichter besonders angelegen sein
lässt, nachdem die Vergleichung schon zu Ende geführt ist;
Fur. 4,23; 14,114. — Nehmen wir nun auf die formale Eintheilung der Gleichnisse Rücksicht, so sind vorerst reine epische
Gleichnisse von unreinen oder vermischten zu tren-
nen, d. h. solchen, die nach der Ausführung eines Bildes einen weiteren, einfachen Vergleich oder eine Metapher einschieben und
dadurch, weil das Object des neuen Vergleiches zumeist einer
andern Sphäre angehört, den Gesammteindruck stören.— Schliesslich kann man in Gemässheit der bei dem Vergleiche beobachteten Merkmale auch mehrfache und gehäufte Bilder aus-
sondern.

I. Reine epische Gleichnisse:*)

Inn. I:16,3;| 3,2; |II:23,67;| I:19,45;| 5,14;|II:17,19;| 24,4; | 24,56;
Fur. 30,51;|37,77;| 14,48; |(14,120);| 16,3;| 2,50; |18,151;| 24,63;
Inn. II:30,37; | 31,38; | III:3,44.|
Fur. (11,49); | 39,14;| 17,31. |
Inn. I:23, ,37; II:1,53; 23,12; III:7,36; Fur. 1,42/3; 4,22/3; 8,70;
18,19; 23,113; 24,103; 25,43; 29,32; 44,92; 46,138.

*) Sowohl die in Strichen als auch die durch Klammern vereinigten
Stellen drücken eine äusserliche Beziehung der betreffenden Gleichnisse
bei beiden Dichtern aus.

II. Unreine, vermischte Gleichnisse:

1) Dem Gleichnisse folgt ein zweiter Vergleich für das Verglichene:

Inn. I:3.2 3; III:2.49; 4.21; II:14.57.
Fur. 18.9.11; 2S,100; 36.40; 12,78.
Inn. I:12,15; II:3.4 5: 23.12.67; Fur. 10.34; 11.6: 18.11.

2) Dem Gleichnisse folgt ein kurzer Vergleich für einen neuen Gegenstand: Inn. I:17.4; II:30,37 8; Fur. 23,64; 24.66 (Inn. I:1,5 6).

3) Dem Gleichnisse folgt ein Metapher: Fur. 10.9; 11,1 (vorausgehend dem Gleichnisse).

III. Mehrfache Bilder:

Inn. I:23,11 12; III:4.3; 7.45; Fur. 9.29; 10.11; 11,65; 28,11.

IV. Gehäufte Bilder:

Inn. I:2.2; (26.28;) 28.13; III:4.14; Fur. 1.11; 9.65; 10,11;
11,20; 16.23; 13.153; 21.16; 28.100; 31,58; 32.80; 37,78;
45,73.112.

Einzelne Abweichungen, welche sich in unser Schema nicht einreihen lassen, seien hier noch flüchtig skizziert: Fur. 24.66 schiebt mitten im Gleichnisse noch einen Vergleich ein. Fur. 7,14 kann die Verwandtschaft mit der tropischen Ausdrucksweise nicht verleugnen. Ein leiser Anklang in der Anknüpfung kann in Inn. I:26,33 gefunden werden.

Am Schlusse dieses Abschnittes sei es uns vergönnt, die Aufmerksamkeit auf eine Erscheinung zu richten, welche eine gründlichere Untersuchung erheischt. Schon Diez hat in seiner Grammatik der Romanischen Sprachen (III.377) die Thatsache verzeichnet, dass der Italiener leicht geneigt ist, den einen Vergleich erweiternden Relativsatz im Conjunctiv einzuführen, ohne dass dazu ein zwingender äusserer Grund vorhanden sei. Diese auffallende Abweichung ist nun an jener Stelle daraufhin zurückzuführen gesucht, dass der Italiener, durch das Gefühl der reinen Voraussetzung geleitet, hier dem Conjunctiv den Vorzug einräumte. Als Beispiel aus unseren Dichtern figuriert Fur. 1.34, das auf die eigenthümliche Natur des Vorganges einiges Licht zu werfen geeignet ist. — Eine genauere Durchforschung des vorliegenden Materials gewährt nun folgende Ausbeute. Der Innamorato enthält 4 Belegstellen: Inn. I:24,8; 23,47; II:24,4; III:2,23. Der Furioso zählt deren etwa 30: ausser den vorher angeführten Fur. 2,44.50; 6,27 (cf. Inferno 13,40); 10,103; 11,42.68; 19,7; 20,64.82; 21,63; 23,92.113.123; 24,62.63.96.99; 25,66; 26,120; 30,93; 32,39; 37,78; 39,69; 40,49; 45,79; 29,53; 43,168. Unter der Gesammtzahl ist der einfache Vergleich durch 3 Beispiele vertreten: die beiden letzten aus dem Fur. und das letzte aus dem Inn. An 7 Stellen ist der Conjunctiv durch den Reim gesichert: also ist die Abweichung nicht auf die Rechnung des Reimes zu schreiben. — In allen Fällen führt der Relativsatz gerade die Vorstellung ein, welche den blossen Vergleich erst zum Gleichniss vervollständigt. Obwohl dergleichen Umstände, nach deren Weglassung nichts als ein gewöhnlicher Vergleich zustande käme, zur Veranschaulichung des Ganzen wesentlich beitragen, werden sie doch nur als Möglichkeiten, als Ereignisse, die eintreten k ö n n e n, angesehen und demgemäss schon äusserlich durch den Modus als solche gekennzeichnet. Das feine Sprachgefühl des Romanen findet hier eine glückliche Gelegenheit, sich auf eine ebenso einfache als charakteristische Weise zu bethätigen. Dass indess die conjunctivische Ausdrucksweise nicht unbedingt in solchen Fällen gefordert wird, sondern lediglich von dem künstlerischen Ermessen des Dichters abhängt, das beweist die unverhältnissmässig starke Majorität der Belege, welche dem hergebrachten, gewöhnlichen Stil huldigen.

Diese Erscheinung erlangt für die vorliegende Untersuchung erst dadurch Werth, dass sie wiederum die grosse innere Verschiedenheit der beiden Dichternaturen in grellster Weise beleuchtet. Unter den 84 Gleichnissen des Inn. zeigen nur d r e i den Moduswechsel; gegen die s e c h s u n d z w a n z i g unter 272 Gleichnissen im Fur. treten sie also stark zurück und legen ein untrügliches Zeugniss davon ab, dass Meister Ludwig ein feineres Sprachgefühl besass. Gleichwohl bedurfte dieses auch bei ihm erst der Ausbildung. So lesen wir Fur. 2,44 in der ersten Ausgabe: »come volpe che'l figlio ode gridare«, woran die Revision v. J. 1521 noch nicht zu rütteln wagte; erst die durchgreifende Umarbeitung letzter Hand beseitigte den Indicativ, so dass der Vers nunmehr lautete: »come volpe che'l figlio oda gridare«. Mit welcher Emsigkeit der nimmer ermüdende Dichter fortgesetzt an den geringfügigsten Details feilte, dafür spricht dieser Fall deutlicher als jede Darlegung unsrerseits. — Es könnte hiernach fast den Anschein gewinnen, als ob die Fur. 23,123 gebotene Zusammenstellung des Ind. mit dem Conj. in einem Satze unsere Erklärung zu Falle bringen könnte. Allein hier liegen die Thatsachen anders. Das in dem ind. impf. stehende Prädicat des ersten Satzes bietet die nothwendige Ergänzung der in dem vorangehenden Satze liegenden Vorstellung; das Prädicat »se ne leva« des Hauptsatzes fordert unter allen Umständen ein »s'era messo« des Nebensatzes, wenn anders das erstere nicht unverständlich bleiben soll. Gänzlich verschieden hiervon enthält das attrahierte »e vegga il serpe apresso« nur einen Umstand, dessen Eintreten durchaus nicht von dem Prädicatsbegriff des Hauptsatzes eo ipso bedingt oder in den Vorstellungsinhalte desselben als selbstverständlich eingeschlossen ist. — Wenn dagegen Bojardo Inn. I:24,8 beide Modi ebenfalls vereinigt, so ist es nicht dasselbe. Hier ist der Conj. durch den Reim gebunden, gewissermassen verlangt, ohne logisch berechtigt zu sein. Denn 1) steht in dem Relativsatze, welcher die Hauptbestimmung enthält, der Indicativ, und 2) ist der Conj. nicht etwa dem Ind. untergeordnet; der Umstand »erba strugge« steht mit »arbori disfronda« auf gleicher Stufe, es waltet also die Willkür des Dichters in vollem Masse vor. — Bei Fur. 5,23 könnte man zweifelhaft sein, ob »tronchi« als 2. pers. sg. praes. ind. oder 3. pers. sg. praes. cj. aufzufassen ist. Sobald indess die erste Ausgabe herangezogen wird, kann man nicht umhin, trotz der metaphorischen Einkleidung, sich für den conj. zu entscheiden. Der Relativsatz »ch'abbia fatto radice« entspricht der Stellung nach sehr wohl unserem »che tronchi«, da beide eine zur Vollständigkeit des Bildes unerlässliche Vorstellung einführen. Aber schon aus naheliegenden Gründen scheint die Annahme der Anredeform mindestens anfechtbar: es wäre der einzige Fall, dass Ariosto mitten im Gleichnisse sich selbst und seine Aufgabe vergässe. Ein vergleichender Hinweis auf die rhetorische Einkleidung des Gleichnisses überhebt uns nicht der Argumentation. — In zwei Beispielen begegnet, abweichend von diesen Fällen, der conj. impf. Fur. 2,71; 16,51: einestheils folgt er aus dem gleichen Tempus des Hauptsatzes, anderntheils kennzeichnet er hier keineswegs einen accessorischen Umstand, sondern erläutert und verdeutlicht die in dem vergleichenden Gliede beabsichtigte Vorstellung.

Mit dem Moduswechsel im Relativsatze ist es aber noch nicht abgethan; bei weiterem Nachforschen stossen Fälle auf, in denen der Eintritt des Conj. unter anderen Verhältnissen vor sich geht: nämlich in dem vergleichenden Satze selbst, ohne dass hier etwa abermals des Modalsatzes der Möglichkeit gedacht werden solle, zu denen allerdings auch das Gleichniss 2 Vertreter stellt — Fur. 23,64; 29,46. Es sind nun zu unterscheiden: 1) der Conj. nach dem zu einem vorangehenden Comparativ gehörigen »che«: Inn.I:16,54; II:6,42; 16,42; Fur.11,41; 31,48; 45,76; — 2) nach »come«: Fur. 17,33; 26,17; 29,37; — 3) nach dem in Hinsicht der Intensität ebenbürtigen »quanto«: Inn. II:5,8. Die weitaus überwiegende Menge von Beispielen, welche den Indicativ setzt, lässt diese seltenen Fälle kaum zu Tage treten. — Was zunächst den durch einen Comparativ veranlassten Moduswechsel anbelangt, so wird auf diese Weise das gegenseitige Verhältniss beider Begriffe nicht so schroff und apodiktisch präcisirt, als Factum hingestellt, wie es wohl geschähe, wenn man es bei der althergebrachten Regel bewenden liesse. Es mischt sich ein leiser Zweifel in die Aussage — wie z. B. Fur. 11,41, wo die Leistungsfähigkeit eines Haspels immer nur einen willkürlichen Massstab für die Körperkraft Orlando's abgiebt. Die beiden Belegstellen aus dem Inn. sind völlig identisch. Dabei ist aber Eins, und zwar das Wesentlichste, nicht zu übersehen:

sonst zieht der auf einen affirmativen Comparativ bezogene Satz
stets die Negation nach sich; hier fehlt sie, und an ihrer Stelle
mildert der Conj. die Aussage. Auf ähnliche Weise lässt
sich die nach »come« und »quanto« erfolgende Abweichung erklären: auch hier ist nur die Möglichkeit oder Wahrscheinlich-
keit der Intensität zugegeben, ohne damit zu gleicher Zeit die
Beziehungen in ihrem ganzen Umfange als faktische aufrecht
zu erhalten. — Am besten lässt sich der Conj. durch das
deutsche »etwa, vielleicht, wohl« wiedergeben. Das Verhältniss
Ariosto's zu Bojardo ist hier nur unwesentlich geändert.

F. Tropen.

Es kann hier nicht die Aufgabe, alle einschlägigen Wendungen zu behandeln, erfüllt werden, sondern nur diejenigen
Ausdrücke, welche in engerer Beziehung zu der Vergleichung
stehen, verdienen eine eingehende Untersuchung. Vischer's Darlegung in seiner Ästhetik II, §§ 851.854 ist beibehalten, Wackernagel: Stilistik und Rhetorik § 381 ff. zur Ergänzung hier und
da herangezogen. — Obwohl Bojardo nur wenig Belege bietet,
Ariosto's Sprache dagegen bilderreich, ja bisweilen überreich
an bildlichen Ausdrücken ist, so wurde besonders um des letzteren willen und um seine Beziehungen als Dichter und Stilist
zu dem Vorgänger in das rechte Licht zu stellen, eine möglichst
charakteristische Auswahl getroffen.

Metonymie.

Mit Vischer begreifen wir auch den Tropus, welcher den
Theil für das Ganze setzt, unter dieser Rubrik, während Wackernagel a. a. O. p. 393, Carrière: Ästhetik II, 473, ihn der Synekdoche zuweisen.

a. Symbolverältniss: alloro: Fur. 15,28; 25,2; —
palma: Fur. 15,80; 28,8; 29,38; 31,105; 38,9; — corona:
Fur. 32,6 (cf. 16,60); 33,53; — scettro: Fur. 20,8; 30,16.30;
33,10; — bastone e scettro: Fur. 44,98 (cf. Inn. I:7,14). —
Derselbe Vorgang wiederholt sich bei der National- oder Staaten-

bezeichnung durch das Wappen: Fur. 1,46; 3,26; 10,77; 13,63; 14,4; 15,75; 33,46 (¹·³33,3). — Dieser Tropus erweitert sich schliesslich zur Metapher, sobald prädicative Bestimmungen ihn zu einem Satzgedanken ausdehnen: Fur. 33,10.41; ¹34,40.48 (*34,*38,40.48 geändert); 39,32; 40,3. — Bojardo kennt diesen Tropus noch nicht, wohl aber die Umschreibung einer Person durch ihr Wappen, welches dann als adverbialer Zusatz bei der Personalbezeichnung steht: Inn. I:2,38; 9,43; 2,20.31.48 etc.; Inn. I:2,41 (cf. Fur. 29,32; 15,75). — Vergleichsweise sei auf die ähnlichen Umschreibungen Inn. II:5,27; Fur. 14,38 hingewiesen.

b. Stoffverhältniss: Fur. 7,23; 18,108; Inn. II:6,55.

c. Theilverhältniss: nach Wackernagel u. a. schon der Synekdoche zugehörig: Inn. III:5,7 (cf. I:3,56).

Synekdoche.

Abstractes für Concretes: Inn. III:8,24; Fur. 14,8; 17,17.

Metapher.

Da dieser Tropus sowohl die Gegenstände der sinnlichen Wahrnehmung als auch das Gebiet des Geistig-Unsichtbaren umfasst, so zerfällt das gesammte Material naturgemäss in zwei Theile. Berücksichtigt man indess noch, dass nicht nur den Substantiven die Fähigkeit zu den kühnsten Umschreibungen eigen ist, sondern dass auch Adjectiva wie Verben dieses Vorzugs theilhaftig sind, so ergiebt sich ein Doppelschema, je nachdem sichtbare und unsichtbare Dinge unter anderen als den gewöhnlichen Vorstellungen veranschaulicht werden, und je nachdem Substantive oder Adjective oder Verben diese Anschauung vermitteln.

A. Die substantivische Metapher.

I. Die Metapher bezieht sich auf Sinnlich-Wahrnehmbares.

1) Der umschriebene und der zur Umschreibung benutzte Gegenstand sind Körper:

a. Die Metapher bezieht sich auf Personen.
α. ein einzelnes Substantiv bringt die Metapher
zustande: tesoro — amata Inn. II:14,20 (cf. Fur. 2,60)*);
— Dea — amata: Fur. 12,6 (Fur. 12,29 Diva); — colonna —
donna: Fur. 37,11 (cf. 13,57); — fiore — Angelica: Inn. I:1,22;
11,12; Fur. 8,61; — giglio — Angelica: Inn. I:2,48; Ziliante
II:12,35; — lanza — Rinaldo: Inn. I:7,60; — sole — barone:
Inn. II:16,33; donna: Fur. 17,52; — scudo — dama: Inn. I:15,35;
(cf. schermo: Fur. 11,36); — somiero — Caligorante: Fur. 15,60;
(cf. Inn. II:9,33). — *β.* ein von einem Genitiv begleitetes
Substantiv; das abhängige Substantiv steht im
Sinne eines Quantitätsbegriffes: *β₁*: die Verbindung trägt dén Charakter blosser Umschreibung:
flagello de' principi — Pietro Aretino: Fur. 46,14. *β₂*: Das ˙
Hauptsubstantiv steht zu dem abhängigen in
superlativem Sinne. Die Bedeutung ist nahezu hyper-
bolisch. cima — paladino, donna etc.: Inn. I:1,87; 16,47;
II:3,23; 31,7; — corona — paladino, donna etc.: Inn. I:27,20;
II:24,14; 28,2; — fiore — paladino, donna etc.: Inn. I:1,27;
2,29; II:1,73 etc.; Fur. 3,42; 4,61; 5,82 etc.

**b. Die Metapher bezieht sich auf den mensch-
lichen Körper oder einzelne seiner Theile:** corpo:
veste Fur. 35,8; scorza 21,23; fascia 45,58; corporeo
velo 42,14 (cf. salma 38,82); — occhi: rai Fur. 20,42; 22,38;
30,37; lumi 33,60.115; 45,35; luci 18,117; 46,53; soli
7,12**).

---

*) Die mit »cf.« versehenen Stellen deuten sinnverwandte Beziehungen
oder die zugehörigen Vergleiche an.

**) Sobald indess dieselben Körpertheile verschiedener lebender Wesen
auf einander bezogen sind, so dass der Körpertheil des einen Wesens dem
andern ohne weiteres beigelegt ist, so nähert sich diese Ausdruckweise
eher dem Vergleiche als der Metapher, da sie nur auf dem Wege der
Vergleichung zustande gekommen ist; cf. p. 23 : cuore di leone: Inn.
I:15,43 (cf. 18,7); viso di mastino: II:3,52; faccia di serpente: I:1,10; II:19,7; ·
occhi di drago: 14,42; occhi griffagni: I:1,10.

c. Die Metapher bezieht sich auf leblose Wesen:
α. Dem umschriebenen Gegenstand ist die persönliche Individualität verliehen: regina — città: Inn.
I:17,32; Fur. 40,32. — β. Der umschriebene Gegenstand
wird nach seiner Lage, Eigenschaft u. s. w. in Beziehung zu dem menschlichen Körper gebrachts
crine — cerchii della fiamma: Fur. 14,112; — ombilico
(di Francia) — Parigi: 14,104. — γ. Der umschriebene
Gegenstand ist mit seines Gleichen (d. h. mit ebenfalls leblosen Dingen) in Beziehung gebracht:
guanciale — scudo: 46,26.
2) a. Der zur Umschreibung benutzte Begriff
ist ein von einem Concretum umschlossenes Ah-
stractum. Der umschriebenè Begriff ist ein Indi-
viduum. vaso di vizj: Fur. 17,124; nido di tutti i vizj
rei: 21,16 (cf. 34,19); — fonte di virtù: Inn. I:1,22; 17,30
(cf. Fur. 39,4); — tesoro di virtù: Inn. II:25,42 (cf. III:6,12);
Fur. 20,117; — tempio di castità: 46,0; — specchio di
folle audacia: 16,18 (cf. 28,102); — vena di facondia:
45,13. — aı. Das das Abstractum umschliessende
Concretum ist ein persönliches Wesen: padre di
finzioni: 4,3. — b. Wie vorhin ein Concretum mit einem
Abstractum verbunden wurde, zu welchem ersteres in super-
lativischer Bedeutung stand, so kann auch ein Abstractum
anstelle des Concretums in demselben Sinne
treten: Die Metapher bezieht sich auch hier auf ein persönliches
Wesen: eccellenza: Inn. III:1,26; — gloria: II:13,2; —
onore: I:13,31; — paragone: Fur. 4,62; 29,20. Dazu sind
zu vergleichen: Inn. I:9,77; 14,63; 16,41; 27,1; II:1,71; 19,57;
24,45; Fur. 1:3; 3,17; 20,117; 26,19; 30,67; 44,28; 46,11. —
c. Einen wichtigen Schritt thut die Metapher da,
wo sie Bestandtheile oder Eigenschaften lebender Wesen anderen, wesentlich verschiedenen
Wesen zueignet: artiglio (Rodomonte): Fur. 18,31; —
ugna (Rodomonte): 26,93.

II. Die Metapher bezieht sich auf Geistig-Unsichtbares (Abstractes).

Hier ist die Metapher in ihrem eigentlichen Wirkungskreise und genügt, vermöge ihrer ausgedehnten Ausdrucksfähigkeit, den höchsten poetischen Anforderungen.

1) Die Affecte werden nach ihren Wirkungen, in denen sie wahrnehmbar sind, bezeichnet: a. ira — fuoco: Inn. I:15,19 (cf. 9,25; II:18,55); Fur. 1,18*) u.s.w.; incendio d'ira: Fur. 24,106. — b. terrore — gelo: Inn. I:12,77; Fur. 1,78; 16,42; 18,6; 43,39; 45,39. — c. pianto — rio: Fur. 28,97 (cf. 3,61; 32,20; 43,93); 1,48; 32,20; — fiume di pianto: 23,122; 46,27 (cf. 21,39).

2) Die Übertragung von Verhältnissen und Vorstellungen realer Wesen veranschaulicht die Abstracta schärfer und deutlicher: furore: vela: Fur. 37,109; ale: 38,16 (cf. 26,95; 34,9); — desire: ale: 32,21; — giogo di servitute: 19,59; stame della vita: 45,80; 46,43 (cf. 43,185); — poema — tela ordita: Fur. 18,83 (cf. 13,81); — sconfitta — notturno fuoco: 32,13**).

3) Die Abstracta werden personificirt: amore: Fur. 43,15; 13,9; 37,47; — chiesa: Fur. 33,56; — desire: 24,33; — dolore: 23,112.122.124; 43,121; — pietà: Inn. III:7,15; Fur. 7,42; 13,60; 35,29; — vergogna: 19,30; 30,71. — 3a. Verwandte Beziehungen enthalten die Vorstellungen der Affecte als auf den mit ihnen Behafteten Einfluss ausübende Wesen: Inn. III:6,53; Fur. 28,102; Inn. II:8,61. — Durch eine weitere Ausführung dehnt sich die Metapher zu förmlichen Gleichnissen aus; natürlich ist die Vorstellung der einzelnen Glieder des vergleichenden oder auf ein fremdes Gebiet übertragenen Gegenstandes dem

---

*) Gewöhnlich ist »fuoco« mit einem entsprechenden Verb (accendere, avvampare, gettare etc.) verbunden.

**) Für diesen Theil unserer Darstellung sei noch besonders auf Bolza's ausführliches alphabetisches Register verwiesen.

eigentlichen Gegenstande zuerkannt: Fur. 23,121; 43,39; 34,19
(cf. 37,54); Fur. 7,27.41 (cf. Inn. II:1,35; Fur. 41,1); 10,10; 13,60;
14,72 (27,7; ¹35,7; 24,82; 43,68); 45,13. — Ausser den angeführten Metaphern enthält der dreiundvierzigste Gesang deren
noch in folgenden Strophen: 24, 47, 128, 144, 171.

B. Die verbale Metapher.

Entsprechend den p. 42/3 angeführten Versinnlichungen der
Affecte, stehen die zugehörigen Verben in denselben Bedeutungen.
a. ira (fuoco): Inn. I:1,15; 4,66; 6,5; 9,50; 18,49; 27,42;
II:15,2; 23,23; III:8,43; Fur. 27,108; 44,72. — Ariosto setzt in
diesem Fall gern noch die nähere Bestimmung dabei, daher
wird es ihm leicht, dieselben Verben auch auf andere Affecte
anzuwenden: ardendo di sdegno e d'ira: Fur. 26,132; avvam-
pato di vergogna: 1,70; 27,95. — Ausführlicher sind Umschreibungen, wie: 20,130; 21,71. — b. terrore (gelo): Inn. I:9,6;
III:3,27; Fur. 30,53. — »Fuoco« und »gelo« in ihrer metaphorischen Bedeutung sind Inn. I:2,23; 27,45; Fur. 13,20 durch die
entsprechenden Verben mit einander verbunden. — c. pianto
(rio, fiume etc.): Inn. I:13,46; III:7,58; Fur. 18,186; 22,44; 45,15
(cf. 14,50).

2) Die verbale Ausdrucksweise erleichtert die
Personification in demselben Maasse, wie es die
substantivische gethan hatte: Inn. I:3,54; 4,63; 2,22;
10,45; 18,28; Fur. 24,106; 30,35; 35,80; 43,89.

3) Jedes Verb ist gleich dem Substantiv im
Stande, mit einem ihm fremden Begriff zu einer
Metapher verbunden werden zu können: Fur. 10,45;
32,96.110 (cf. ib. 82); 28,101; 35,30 sind ausführliche Metaphern;
Fur. 12,62; 28,47; 45,24; — Inn. I:13,32; III:9,25; Fur. 28,96;
29,27; 43,16; — (Inn. I:12,68) Fur. 14,35; 44,65; 45,32.33.

C. Die adjectivische Metapher.

1) Die Übertragung findet unter körperlich
Wahrnehmbarem statt: vedovo: Fur. 10,21.62; materno:
1,43. — 2) Körperliches wird auf Geistiges über-

tragen: a. auf Affecte: freddo: Fur. 18,151 (cf. 17,53;
31,107). — b. auf reine Abstracta: ebro '5,26 (?·'5,26
völlig verändert); sazio: 23,116; digiuno: Inn. II:23,58; Fur.
31,25; 46,60; Inn. I:15,44 (cf. Fur. 15,49; 36,37); Inn. I:1,17;
II:12,1; — avaro: Fur. 2,60 (cf. Inn. II:14,20); 25,88; frale:
Fur. 44,2.

Bislang sind verschiedene Ausdrucksweisen verschwiegen,
weil sie infolge einer complicierteren Fortentwickelung von der
einfachsten zu der kühnsten Vorstellung einer zusammenhängen-
den Darlegung bedürfen.

Die Liebe hat, je nach Auslegung ihres Inhaltes, Ursprunges u. s. w., Veranlassung zu den mannigfachsten Anknüpfungen gegeben. Die Liebe ist als Gott personificiert:
Inn. I:3,81; II:15,33; Fur. 11,65/6; 13,26; 25,32.52; 35,56; 43,20.
Fur. 9,83; 23,121; 44,44 sind mehr allgemeine Prosopopöien.—
Die Attribute des Gottes dienen überhaupt als Mittel und Werk-
zeuge, die Leidenschaft anzufachen, ein beliebter Gebrauch der erotischen Poesie Italiens: daher die Liebeswunde (piaga), von dem
Pfeil Amors (strale) gebohrt: Inn. I:3,50; 20,52; Fur. 31,1/6;
35,1; 38,2; 43,21; vor allem: 19,27/30. Die Schlinge, welche
die Liebenden festhält: Fur. 7,44 (9,86); 34,17. Das Netz, in
dem sich der Liebende verwickelt: Fur. 1,12; 8,80; 10,109; 42,29.
Das allergewöhnlichste Bild ist das Liebesfeuer: Inn. I:2,26;
3,48; 9,1; Fur. 8,72; 13,8; '·²29,73; völlig metaphorisch: Fur.
42,37*) (cf. 4,63). Infolge der geradezu stereotypen Verwendung
dieser Ausdrucksweisen ist die Verschmelzung zweier verschiedener Vorstellungen nicht ungewöhnlich: Fur. 25,32; 36,15. —
Ariosto's Originalität zeigt sich in den beiden Umschreibungen:
amorosa pania: Fur. 24,1 (cf. 23,105); suggello (d'amore): 43,33.
Dagegen ist »carcere d'amore«, Fur. 12,73, eine dem Mittelalter
sehr geläufige Vorstellung, wozu Mätzner: Afrz. Lieder VIII, 44,
XXVII, 32 pg. 157, 231, mehrere Belege anführt.

»Fiore« und »frutto« erweisen sich vermöge ihrer dehn-
baren Bedeutung zu einer mannigfaltigen Übertragung vortreff-

---

*) Cf. Bolsa: Concetti p. xciii.

lich geeignet. So wie p. 40 Beispiele für die persönliche Übertragung von »fiore« beigebracht waren, möge hier eins Platz
finden — Fur. 33,46 — an dem die häufige und verschiedene
Anwendung des adj. fiorito ihre Erklärung findet: Inn. I:2,14;
8,45; 13,1; II:21,61; 23,4; III:4,22; analog wird »rosato« (II:5,27)
gebraucht. Ganz und gar der bildlichen Bedeutung des Stamm-
stantivs folgend (cf. 41β»), bietet sich »fiorito« in demselben Sinne
dar: Inn. I:2,62; 10,39; 11,4; III:7,54, als Attribut der Personalbezeichnung. In kühnerer Übertragung versinnlicht es neben
»verde« und »acerbo« das »blühende Alter« (Jugend):
Inn. I:17,3; Fur. 7,10; verde: Fur. 18,50; 5,6; 29,26; '35,8;
acerba etade: Fur. 28,53. Demgemäss spricht der Dichter
auch von der »Blüte der Jahre«: Fur. 7,41; 10,7; 15,95;
34,78; 46,89; 3,36. — Eine wesentlich andere Ideenverknüpfung
liegt den Stellen zu Grunde, wo fiore »die Ehre des Weibes«
versinnbildlicht. Das herrliche Gleichniss Fur. 1,43 wurzelt in
derselben Vorstellung. Die ausführliche Bezeichnung »fiore vir-
gineo« oder »virginale« begegnet sehr selten: Fur. 1,55; 38,52.
Die häufigste Formel ist unstreitig: cogliere il fiore: Fur,
8,77; 20,141; 1,58 (rosa)*), mit besonderem Nachdruck:
coglier la prima rosa, 29,33) oder auch cogliere il
frutto: 1,41; 5,31; 14,53; 20,17/19; 21,55; 22,34; 43,17.116.
Ausführliche Bilder erklären dann diese Verwendungsart: Inn.
I:3,30 (cf. 24,44; Fur. 28,46); Fur. 5,64; 7,25; 19,33. frutto,
in der Bedeutung: Frucht, »Lohn« Fur. 7,56; 23,110; 34,21;
43,90; 46,02 verlor den ursprünglichen Sinn im verbalen Begriff
— far frutto: Fur. 27,82; 32,74; 38,40 — ganz und·gar.
»Fiorire« wandte man dem Stammworte entsprechend auf die
Jahreszeit Inn. I:16,48, die Lebensjahre Fur. '·'15,51; 28,53 an.
Rein abstracte Begriffe veranschaulichte es in einer auf sie
übertragenen äusserlich wahrnehmbaren Entwicklung: Inn.

---

*) Zum Beleg, dass derselbe Ausdruck in derselben Bedeutung auch
anderwärts wiederkehrt, sei auf Faust, 1. Theil, Scene am Brunnen
— »Da ist denn auch das Blümchen weg« — verwiesen.

I:3,69; II:1,2; 7,29; III:1,4; Fur. 37,45; dagegen ist Sinnliches mit Geistigem in Fur. 43,60 (cf. 46,85) seltsam vermischt.

Ein glücklicher Einfall war es, dass Ariosto die Vorstellung eines Geschlechtes mit der eines Baumes verband, dessen Wurzeln in den Stammeltern ruhen und dessen Gipfel und Zweige die Glieder der Sippe bedeuten: Fur. 7,61.62; 31,33; 36,60; 46,67.76.81. — Dass auch »seme« dem gleichen Zwecke dienen musste, beweisen Fur. ¹'³3,58; 32,25. So konnte Rinaldo den jugendlichen Dardinello einen Keim (germe) nennen, den man lieber ausreissen sollte, ehe er grösser würde: 18,148. — »Radice, semente« nahmen leicht eine übersinnliche Bestimmung an: Inn. I:12,68; Fur. 13,5; 28,13 (cf. 23,111); Inn. II:21,60; »seminare« ist der gleichen Verwendung fähig: Inn. II:27,85. Fur. 43,153 trägt den Charakter einer sehr gebräuchlichen Redensart, sonst hätte der Dichter es nicht so launig 28,101 auf Geistliches beziehen können; zu der ersten Stelle cf. 14,37. — Ein Seitenstück zu »arbore« bietet »fonte« 36,75 insofern als es die Vorstellung eines Geschlechtes versinnlicht.

Wie das Volk den Kampf scherzweise einen Reigen, ein Spiel nannte, so auch beide Poeten: Tanz: Inn. I:4,69; 7,28; 10,51; II:15,39; III:6,17; 8,37; Fur. 10,39; 26,11; 31,17. In cynischem Sinne gebraucht das Wort Ariosto Fur. 19,69, im Einklang mit 1,59. Spiel: Inn. I:4,3.88; II:8,11; 10,14; 15,4; 23,29; 24,48; 28,37; III:1,45.61; 4,39,54; 6,15.48; 7,65; Fur. 18,38. Sonst ist der Strauss der Helden ein Gedicht: novella: Inn. I:27,10; canto: Fur.¹12,8. In einer burlesken Laune dünkt den Dichter der Kampf eine Zeche oder Rechnung: ein jeder Hieb stellt einen Posten der Summe dar, welche mit dem Ausgang des Streites — dem Tode eines Gegners — zusammengestellt ist: Inn. II:9,53.54; 18,23.56; 26,47; III:1,60/1; Fur. 32,8; 23,78; 9,74. Unter dem »Wegegeld« (naulo), das Ruggiero dem Erretter aus dem Schiffbruch zu zahlen vergessen, ist die Lösung seines Versprechens, sich taufen zu lassen (Fur. 21,34/36), verstanden 41,53. — Um des verblümten Ausdrucks seitens Bojardo's zu gedenken, der schon in der volksmässigen Vergleichsformel »altro che«

(p. 5) enthalten war, sei auf Inn. I:9,2; 14,55; 22,37; 24,44; 27,1;
II:9,18 verwiesen. Ariosto wendet dergleichen Verblümungen selten an; auf die wenigen bezüglichen Stellen genüge nur aufmerk-
sam zu machen: Fur. 38,45; 43,47. Dazu vgl. Inn. I:26,33; 28,6.43.

Personification.

Dieser Tropus verleiht dem Abstracten wirkliches Leben.
Innere Motive des menschlichen Handelns werden als persönliche, ausser dem Menschen existierende Wesen dargestellt, deren
Einfluss letzterer sich fügt: Inn. I:1,73; 3,40; 5,37; 9,32.39; 11,31;
12,36; 14,24; II:7,52; 9,15; Fur. 25,80 (cf. ib. 93; 31,49); 26,121;
27,108; 30,1; 31,22; 36,54; 38,66; 46,40. — Ungleich wirkungsvoller erweist sich die Personification von reinen Abstracten
oder Naturphänomenen: Inn. I:1,59; 21,53; Fur. 12,80; 18,96;
20,63; 22,93; 26,86; 28,87; '29,28; 32,26; 37,40; 35,31; 40,27.66.
Fortuna bezeichnet bei Ariosto fast ausschliesslich die Glücks-
göttin: Fur. 8,161; 30,35; 33,57; 44,41; 45,1.2.4.7. Einmal ver-
mischte er die Siegesgöttin irrthümlicherweise mit ihr: 38,47
(cf. Bolza p. CI). Bojardo gewährt nur einen Beleg: Inn. I:2,30.
Als Vorbote der gelungenen parodistischen Darstellung von
den in eine Höhle eingeschlossenen Winden (Fur. 38,29 ff.) tritt
die Schilderung des aus schwarzem Schlunde Luft ausstossenden
Südwestwindes auf: 19,52. Der höchste Grad lebendiger Anschauung ist 41,8/9 erreicht, wo der Wind als ein treuloser
Gesell das Schiff umherwirft und mit der verzweifelten Bemann-
nung sein loses Spiel treibt. — Eine andere Art der Personification begreift die Verkörperung einer Abstraction in einem
lebenden Wesen: Inn. III:6,15 (cf. Fur. 37,41). Nach dem Vorgange der Lyriker verschmähten beide Dichter dieses Darstellungsmittel nicht, wo es die Situation mit sich brachte: Inn.
I:12,61; Fur. 30,76; 8,77. Wie schon die Poesie des Mittelalters
es liebte, den Ursprung besonders hervorragender Wesen in die
schaffende Natur zu verlegen und diese Schöpferkraft zu per-
sonificieren*), so auch Inn. I:18,6; III:7,24; 8,64; Fur. 10,84.95;

---

*) Vgl. L. Holland zu Chev. Lyon 1500.

27,119; 43,106. — Wurden schon abstracte Begriffe mit einer körperlichen Existenz begabt, so beseelte man gleichfalls leblose Dinge, als sehende, fühlende Wesen. Die Himmelskörper kamen dieser Anschauungsweise sobald sie die Namen antiker Gottheiten tragen, auf halbem Wege entgegen: Inn. 13,46; 8,41; 13,32; 17,24; Fur. 14,99; 44,85 (cf. 37,17).

Allegorie.

Wie die Synekdoche zur Personification fortschreitet, so die Metapher zur Allegorie, welche, seine durch mehrere Momente durchgeführte Metapher, in der Art verdeckt ist, dass sie den verglichenen Gegenstand verschweigt und räthselartig errathen lässt«*). Sie tritt nur selten auf: Inn. 1:25,14 16; Fur. 17,3 4.79; 24,31,2; 34,1 3.49; 35,50.

Hyperbel.

Bei der Untersuchung der hyperbolischen Vergleichsart konnte nur auf das Wesen der bezüglichen Tropus hingedeutet werden: er ist seiner Bedeutung und Beziehung nach der unwichtigste Tropus. Die Hyperbel beschränkt sich ausschliesslich auf die Vergrösserung der quantitativen Verhältnisse. Beide Gedichte liefern folgende Belege: monte di domini: Fur. 16,65,247; 31,69 (cf. hallo: Inn. 19,29). — lago di sangue: Fur. 16,75; 27,21 (cf. Inn. III:4,96); Fur. 16,162 (cf. 16,162: cf. Inn. II:4,23). — notare nel sangue umano Fur. 3,55; — nuvolo di dardi: Inn. III:4,32 (cf. 1:15,4), sten' mit ombra del saettare Fur. 16,57 (cf. 7,27) in idealem Zusammenhange. Zu selva di lance Inn. 11:6,55; 111:2,3 ist Fur. 10,59 zu vergleichen. — pioggia (acque bollenti) Fur. 14,111. — piovere (von Blut: Inn. III:3,56; von Wurfgeschossen und Schwertstreichen: Inn. 1:11,43; II:6,33; III:4,22; Fur. 16,59,56; 20,86; 42,16 (cf. 35,45). — Ein Gegenstück bietet die metaphorische Anwendung von saettare: Inn. 1:23,6; Fur. 25,65.

_____

* Vischer Ästhetik III. p. 125.

Inhalt der Bilder und Vergleiche.

Wenn der Vergleich von dem Bilde aus lediglich formalen Gründen unterschieden wurde, so findet ein Unterschied in Rücksicht des Stoffes nicht statt; in wie fern eine Verschiedenheit zu existieren scheint, ergiebt sich später. Wenn nun trotzdem auch in diesem Theile an der formalen Scheidung festgehalten ist, so berechtigen dazu folgende Gründe. Die Anwendung des Vergleichs liefert noch kein stichhaltiges Kriterium für die thatsächlichen Beziehungen beider Gedichte. In ganz anderem Sinne leistet ihrer Feststellung erst das Bild Genüge. Der Vergleich beschränkt sich im Grossen und Ganzen fast ausschliesslich auf die allgemeinen Eigenschaften der Grösse, Farbe, Schnelligkeit u. ä. Aus der Stetigkeit derartiger Beziehungen folgt nun ebenso wenig eine Originalität in ihrer Behandlung, als dass der Vergleich allezeit eine hervorragende Rolle unter den figürlichen Darstellungsmitteln spiele. Der poetische Zweck wird aber besonders dadurch leicht illusorisch, dass das Vergleichswort bisweilen einen bequemen Versschluss ermöglicht. — Steht es hiernach ausser Frage, dass die Bedeutung des Vergleiches nicht in allen Fällen gleich hoch anzuschlagen ist, so ergeben sich auch andrerseits für das Gleichniss gewisse ästhetisch berechtigte Forderungen. Im Gegensatz zum Vergleich darf sich das Gleichniss nicht in dem ausgefahrenen Geleise einer oberflächlichen Ähnlichkeit bewegen. Was es veranschaulicht, muss, wenn es nicht neu ist, so doch auf eine eigenthümliche Weise veranschaulicht werden. Ausserdem aber — und darin beruht sein Vorzug dem Vergleich gegenüber — schildert es nicht den oder einen Gegenstand allein, sondern stets in Beziehung auf andere, entweder gleichartige oder verschiedene Gegenstände. Selbst Bekanntes wird unter diesen Umständen zu einem Neuen, Verschiedenen umgewandelt. Auch gestattet der erweiterte Satzbau die Heranziehung complicierter Vorstellungen. Infolgedessen steht dem Dichter eine viel grössere Freiheit in der

Anlehnung, eine weit abwechselungsvollere Fülle von verwendbaren Stoffen zu Gebote. Unter diesem Gesichtspunkte betrachtet, besteht also doch eine stoffliche Verschiedenheit zwischen Vergleich und Gleichniss. — Unter den »Vergleichen« sind natürlich im Folgenden auch die mehrfachen, gehäuften und hyperbolischen Vergleichungen inbegriffen, doch sind sie in der Regel nur vergleichsweise herangezogen, da der einfache Vergleich sich inhaltlich in den meisten Fällen mit diesen ihm verwandten Gattungen deckt; einer besonderen Erwähnung konnten sie nur dann theilhaftig werden, wenn sie neue Vergleichungsobjecte und Beziehungen brachten.

A. Vergleiche.

Trotz der nahezu stereotypen Beziehungen des Vergleiches widerspricht es aber keineswegs seiner Natur, die gewohnheitsmässigen Schranken zu durchbrechen, wo sich die Gelegenheit dazu bietet. Es liegt durchaus nicht in seinem Wesen begründet, auf taugliche Mittel, welche von den gebräuchlichen durchaus abweichen, zu verzichten. Er umfasst das gesamte Gebiet der sichtbaren und unsichtbaren Welt. — Am nächsten liegt dem Dichter selbstverständlich das, was er selbst zu beobachten im Stande ist, oder wofür sich ihm zuverlässige Zeugnisse Anderer bieten, unter sich nach seinen Eigenschaften, Wirkungen und anderen Unterscheidungsmerkmalen zu vergleichen. — Die einfachste Methode ist nun die, welche einen einzelnen Gegenstand — Person oder Sache — nach Massgabe eines besonders hervortretenden Merkmals, in eine mit letzterem als charakteristischem Kennzeichen behaftete Kategorie von Einzeldingen einreihen möchte. Eine Vergleichung zwischen ähnlichen Dingen auf fremden Gebieten findet nicht statt. Am besten passt auf diese Form der Name des »allgemeinen Vergleiches«.

Die Vergleichung bezieht sich auf Begriffe, die entweder **Charaktereigenschaften, Verwandtschaftsverhältnisse oder allgemeine Beziehungen** repräsentieren: Inn. I:1,59; 5,76; 7,45; 14,53; 16,44; 24,34; 29,20; II:16,49; 17,14;

III:4,26; Fur. 1,18; 4,16; '19,41; 21,51; 23,41; 29,3 (ribaldo
etc.) — Inn. I:5,29; 24,22; 27,5; II:2,21; (4,44; 7,8; 19,15); 25,37;
19,40 (Fur. 23,39); III:2,19; Fur. 9,20; 15,62; 23,96; 40,47 (valo-
roso, cortese etc.). — Inn. I:5,53; 16,3.58; 17,6.32; 18,18;
II;4,15; 13,65; 14,40.60.67; Fur. 10,34; 11,7; 36,48; 39,48 (disperato, matto etc.). — Inn. I:4,11; 11,45; II:22,53; 31,44; Fur. 13,47;
17,122; 20,37 (cosa nuova, vana etc.). — Inn. I:26,14; II:1,43;
14,61; 15,44; 20,57; 23,4; 25,53; III:1,51; 2,34; 4,13; Fur. 4,30;
5,81; 8,28; 15,61; 25,73; 29,68; 31,40.64); 28,20; 46,73 (Ver-
wandtschaftsverhältniss und ähnliche Beziehungen).
— Inn. I:4,40; 18,49; II:3,67; 4,54 (Fur. 11,9); 7,62; 15,53; 16,44;
Fur. 1,26; 15,61; 17,107; 21,51; 26,56; 31,30; 43,67; 45,53
(Allgemeine Eigenschaften).

Eine Sonderstellung muss dem Modalsatze der Möglichkeit
eingeräumt werden, der Zustände desselben Subjectes unter einander vergleicht, als ob das Vergleichende wie das Verglichene
zu derselben Zeit existirte. Beisp. s. p. 22. — Die Beziehung
des Einzelnen auf die Gesammtheit, der es zugetheilt ist, tritt
hauptsächlich im Modalsatze hervor: Fur. 12,92; 15,51; 24,5 u.s.f.
— Unter diesen Verhältnissen muss das Hauptaugenmerk darauf
gerichtet sein, ob jedesmal ein wirklicher oder nur ein Schein-
vergleich vorliegt, d. h. die blosse Umschreibung einer Thatsache, welche nur der Form nach eine Vergleichung ist, z. B.
Inn. I:2,25.31; 5,76; Fur. I:23,49; 9,52. — Dahin gehören viele
der für »come colui, quello che« angeführten Belege, z. B.
Inn. I:3,61; Fur. 2,70; 3,13; 30,49 u. s. w.

Eine andere Art der Umschreibung besteht darin, dass man
statt des Factums einen Vergleich eintreten lässt: Inn. II:16,42.
— Der Exemplification, worunter hier die durch ein Sprichwort oder eine proverbiale Redensart bewerkstelligte Beziehung auf
eine andere Redensart verstanden ist, ist auf p. 32 nur eine flüch-
tige Erwähnung zu theil geworden. Formell dem ausgeführten
Vergleiche zugehörig, fällt sie stofflich nahezu mit dem allgemeinen Vergleiche zusammen. Sie bleibt hinsichtlich des poetischen
Zweckes hinter letzterem beträchtlich zurück, da sie sich mit einer

nur ganz oberflächlichen Anknüpfung begnügt. So wenig nun in den vorhergehenden Fällen von einem Verhältniss des jüngeren zum älteren Dichter die Rede sein konnte, es sei denn, dass man ein bezügliches Urtheil aus der Quantität der Belege construirte, ebenso wenig ist es auch hier zulässig, von einer Übereinstimmung zu sprechen. Lediglich die Anzahl der Belegstellen berechtigt zu dem Ausspruch, dass Bojardo diese Ausdrucksweise bis zum Überdruss gebraucht, während sich Ariosto nur selten ihrer bedient. Seine sententiösen Wendungen sind spärlich verstreut, doch immer mit Nachdruck: Fur. 1,7 (46,35); 16,39; 37,106. Von Bojardo mögen als besonders charakteristische Stellen angeführt werden: Inn. I:10,26; 7,24 (cf.1,5); 3,71; 16,43 (cf. III:4,58); 24,55; 27,16; II:1,54; 16,52; 21,37.8; 27,22; 26,20 (cf. I:12,4; Fur. 25,25). — Eine äussere Ähnlichkeit beider Dichter tritt nur an zwei Stellen schärfer hervor. Des Öfteren findet der eine wie der andere nämlich einen Grund, den Gesang zu beendigen, darin, dass die zu sehr ausgedehnte Erzählung den Hörer ermüde: Inn. I:6,69; II:4,86; 10,61; 23,28; III:3,60 (nachdem ib. 22 aus demselben Grunde die Abenteuer Mandricardos verlassen waren); Fur. 28,102; 39,86. Ungleich humoristischer begründet dagegen Ariosto sein Verfahren, eine Erzählung anzufangen und aufzuhören, Fur. 13,80. — Die bildliche Anschauung wird in sämmtlichen Fällen vermisst. Diesem Bedürfnisse genügt der Vergleich mehr, welcher das Verhältniss zweier Dinge zu der Wirkung eines Dritten erläutert, was p. 25 und 26 berührt ist; doch selbst diese Verknüpfung erfüllt nichts weniger als den Zweck anschaulicher Schilderung, da der Vergleichungspunkt nur ungefähr durch eine Wirkung bestimmt wird, deren willkürliche Ausdehnung dem Ermessen eines Jeden freisteht. Erst die Beziehung von Ähnlichkeiten wesentlich verschiedener Gegenstände erfüllt die Forderung der Anschaulichkeit. — Von der äusseren Erscheinung, den ohne weiteres wahrnehmbaren Eigenschaften ausgehend, wird hier die ganze Scala ausdrucksfähiger Ähnlichkeiten in dem schmalen Raume des Vergleiches zur Anschauung gebracht.

I. Ausdehnung *(estensione)* [2].

acciaro-loco della luna Fur. ¹31,70. ⁸34,70. — vetro-loco della luna Fur. ⁸31,70. — arena-barbuta spezzata Inn. II:25,10. — armario-ventre di coccodrillo Inn. III:3,4. — busto d'uomo-gamba dell'elefante Inn. II:28,36. — corne-cimiero Inn. I:21,68. — drago-coccodrillo Inn. III:2,46. — fusto di torre-Balisardo Inn. II:9,62. — gamba-dito dell'Orco Inn. III:3,39. — gigante-Barigaccio Inn. II:19,32. cavaliere ib. 25,42. (cf. Fur. 27,49). — isola-dosso della balena Inn. II:13,58 Fur. 6,37.40. — lupo pugliese, bue-lupo d'Erifille Fur. 7,4. — mare-Nilo Inn. III:3,13 (cf. ib. 4,26) — massa-orca Fur. 10,101. — monte-Zambardo Inn. I:5,80. — monticello-Orco Fur. 17,30. — naso-pezzo d'uomo morto Inn. II:18,49. — palmo-bocca di Balozza Inn. I:4,35. — panico-Orrilo squarciato Inn. III:2,57. — coda di serpe-orecchie Inn. II:4,56 (cf. ib. II:11,29; I:17,42). — spanna-piaga Fur. 24,65. bocca di Dudrinasso Inn. II:31,24. — stagno d'acqua-piazza sanguinosa Fur. ¹,²16,182 (cf. ³18,182). — testa-pomo d'oro Inn. II:5,8. — trave-gamba di Rubicone Inn. I:17,24. lancia Fur. 31,69 — torre-fuoco Inn. II:5,14. Balisardo 11,22. cf. Fur. 15,94 — unghione dell'orso o del leone: mano del mostro Inn. I:8,58. — vela-ala Fur. 33,84 ⁹). — chiesa-stanza nel monte Fur. 3,7.

II. Äusseres *(sembianza)*.

almansore-Falsetta Inn. I:5,35. — angelo-Angelica dormendo Inn. I:1,42. Medoro Fur. 18,166. — araldo-Falsetta Inn. I:5,38. — arme di Bavaria-scudo a scacchi d'oro ed azzurro Inn. I:2,57. — augello-asino Fur. 29,53. — avorio lavorato, marmo polito-Fiordaligi Inn. I:20,6. — babbuino-Balisardo trasmutato Inn. II:11,29. — babbuino e bertuccione-Gabrina Fur. 23,94. — belva-popolo di Setta Fur. 10,89. — biscione-Balisardo trasmutato Inn. II:11,28. — castello-edifizio di torri e di merli Inn. III:2,3. — corriero-Brunello vestito Fur. 3,72. — diamante-porta Inn. I:5,60. — donzella-faccia della sfinge Inn. I:5,70. — eclisse, cometa-Atlande ulando Fur. 4,4. — drago-coccodrillo Inn. III:2,46. — guerriere-donne cretesi Fur. 19,71. — fera-Orlando pazzo Fur. 39,45. — lacerta, ramaro-coccodrillo

---

1) Die Personennamen sind hier, wie auch sonst, in der bekannteren Ariostischen Form wiedergegeben, um nicht etwa äusserlich durch Einführung verschiedener Benennungen die Identität ihrer Träger zu beeinträchtigen. Ausserdem ist der Wortlaut und die Schreibung des Originals im vergleichenden Gliede so weit als möglich beibehalten, während sich das verglichene hierin bisweilen einige Freiheiten gefallen lassen musste, um der Prägnanz und Deutlichkeit des Ausdruckes zu genügen.

2) Als Unterabtheilung von nur nebensächlichem Werthe kann diejenige Gruppe von Belegen angesehen werden, welche die Entfernung *(distanza)* vergleichweise veranschaulichen. — arcata d'un arco di turco-altezza dell'albero maraviglioso Inn. II:5,6. — nibi volando perl'aria-pensieri poggiando in alto Fur. 10,47. — tratto colla mano-distanza Fur. 2,47. 37,87. — tratto d'arco-distanza Fur. 42,73. — volo dell' acquila-altura del castello Fur. 2,49. Die zur oberflächlichen Schätzung der Entfernung herangezogenen Maasse wie miglio passo u. s. w. sind infolge ihrer unbildlichen Bezugnahmen ausgelassen.

Inn. III:3,3 (cf. drago). — lione-petto della sfinge Inn. I:5,70. — luna-porto Fur. 19,64. — miglio-pannocchia Fur. 44.86. — ombradama Inn. II:9,13. — paradiso-giardino di Medusa Inn. I:12,38, sula delle donne danzanti Inn. III:1,63 (cf I:3,70. 22,24. 25,37. II:1,20. 13,22. III:5,38 Fur. 12,91. — peregrino-Sacripante Inn. II:5,64. Mandricardo III:1,13. cf. I:17,4. — mercatante-Rinaldo. Inn. I:28,5. — porco-Stracciaberra. Inn. I:7,6. orco Inn. III:3,38 Fur. 17,30. orca Fur. 10,101. Orlando Fur. 19,42. — processione-Agramante ed i suoi compagni Inn. II:28,41. - ruina-acqua ne! corso Inn. II:10,37. — ventre e coda di serpe-arpie Fur. 33,120. — camino del sole-Ruggiero viaggiando Fur. 10,70. nanti nei mari strani 15,22. — somiero-Rinaldo carco della sedia Inn. II:9,33. cf. Fur. 15.60 — steccato-mirti ed allori piegati Inn. III:1,41. — talpa-Luigi Borgognone morto Fur. 33,18. — teatro-argine Fur. 27.47. città degli Amazzoni 19,64 cf. 40,2. — tondo-luna Fur. 34,71. — torso-corpo senza capo Fur. 26,126. — trofeo-armi raccolte sul pino Fur. 24,57. 31,43. 37,119. cf. 29,34. — tugurio-palazzo d'Anselmo Fur. 43,132. — uncino-unghie del serpente Inn. II:11,29 — valletta-labbra Fur. 7,13. — Zaffiri, rubini ed altre pietre preziose-fiori del paradiso terrestre. Fur. 34,49.

III. Schönheit (bellezza).

dipintura di penello-Ziliante Inn. II:13,21. — giglio-Argante Inn. II:1,10. giovinetto Fur. 20,13. — rosa-Angelica Inn. I:1,21. 10,14. giovinetto Fur. 20,13. cf. 13,70. — sole-Angelica Inn. II:20,14; Morgana I:25,12; Alcina Fur. 7,10. cf. Inn. I:6,42. — stella-Angelica Inn. I:6,42. — Diana ed altre stelle o Diana ed il sole-Angelica ed i fiori Inn I:3,69.

IV. Farbe (colore).

a. Weiss (bianco).

alabastro-mano Fur. 24,66 cf.35,2. — argento-radice Inn. I:21,40 (cf.20,6 Fur. 7,11). — armellino-pelo Fur. 43,106. — avorio-seno cf. Fur.35,2. - (cigno 44,49 f. cf p. 28). — giglio-fanciullino Inn. II:25,54. liocorno Fur. 44,77. cf. Inn. I:5,27. 8,11. — latte-destriero Fur. 17,110. marmo 29,30. cf. 7,14. 11,68. 34,54. 26,30. — foglio non scritto-marmo Fur. 17,33. — neve-cervo Inn. I:22,58. Olimpia Fur. 10,24. vestire 1,60. 18,78. cf. Fur. 7,14. 11,65.

b. Bleich, aschgrau (pallido, smorto).

terra-viso. Inn. II:10,6. — sasso-viso. Inn. II:26,10.

c. Dunkel (oscuro).

inferno-aria Fur. 18,144. — fumo di pece e di solfo-fumo dell' inferno Fur. 34,6. cf. ib. 47.

d. Schwarz (nero).

carbone-Rabicano Inn. I:1,38. 13,27; capo di Ferraù 2,10. rè di Macrobia. 14,34; barba di Rubicone 17,24. scorza della gente d'Araila II:22,16. cf. 19,24. — corvo-destriero Fur. 19,79; carnagione di Dudrinasso Inn. II:31,24. (cf. corbo bianco Inn. II:27,32 als ein Ding der Unmöglichkeit). — inchiostro-pinna Inn. 33,84. — (pece-fama Fur. 18,3. 35,74. cf. p. 28).

e. Grün *(verde)*.

smeraldi-erbe del paradiso terrestre. Fur. 34,49.

f. Roth *(rosso)*.

fuoco-viso Inn. 1:1,34. 8,60. 14,55. 16,5. 19,10. 23,23. 25,44; II:(10,10). 15,46. 16,34.(46). 18,55. 24,24. 25,55. 31,35; III:7,51. Fur. 20,99. cf. Inn. 1:28,24. II:19,24. 23,77. — occhi Inn. 1:15,44. 26,64. II:14,21. 19,24. III:2,50. Fur. 33,84. 35,30. cf. 18,117. 26,57. — fiato Inn. 1:19,10. 26,29. — sospiri Fur. 2,18. — castello Inn. I:8,25. — vampa viva-aspetto di Ferraù Inn. I:1,33. faccia d'Orlando 20,55. — brage accese-occhi Inn. I:20,29. cf. 26,64. — fiaccole accese-occhi Inn. I:21,29. -- fiamma-pietra Fur. 3,14. destriero 34,69. — fiamma viva-riva d'uno scoglio Inn. I:5,59. castello 8,25. petrone 29,49. palazzo Fur. 34,51. occhi Inn. I:26,29. — minio-manto Fur. 34,54. — rosa-faccia Inn. II:11,35 Fur. 22,32. (¹¹²20,32 kein Vgl.) 35,76. cf. Inn. I:1,21. 8,11. faccia (Umschreibung cf. p. 24) Inn. III:7,32. 9,5 Fur. 7,11. 37,28. labbra Fur. 30,37.

V. Glanz *(splendore)*.

baleno-fucile allumato Fur. 9,75. cerchio intorno a San Michele 14,78.— carbonchio-gemma Fur. 34,53. 43,38. pietra rilucente Inn. II:8,18. — diamante, piropo (rubini, diamante, piropo)-muro Fur.⁹10,58. 29,46 (¹⁹,46). — doppiero-carbonchio rilucente Inn. III:2,25. — face ardente-sepolcro di Merlino Fur. 2,71. — facella-marmo Fur. 3,15. cf. 36,57. — fiamma-castello Fur. 2,42. — fuoco-viso Inn. II:16,46. pietra 8,18. occhio III:2,23. 5,53. gemme Fur. 43,38. — cuore Inn. II:15,27. — gemme, or fino-vello Fur. 35,3. — lampa-carbone Inn. III:3,29. virtù Fur. 17,92. cf. Inn. I:27,23. — oro-chioma Fur. 7,11. erba Inn. I:21,40. cf. Fur. 3,37. 13,70. 35,3. — piropo-gemma Fur. ¹31,53. scudo 2,56. nomi scritti in marmo 26,42. Francesco di Pescara 33,33. cf. 3,37. 13,70. 34,59. — sole-occhio Inn. I:27,59. III:7,18. (cf. Fur. 7,12) carbone Inn. II:8,28. (cf. III:2,25); Estensi Fur. 7,60. 44,10. virtuti delle donne 22,3; muri di Logistilla 10,60. scudo svelato ib. 109. — stella-occhi Inn. III:7,18. cuore 5,56.

VI. Durchsichtigkeit *(limpidezza)*.

cristallo-acqua Inn. III:1,22. Fur. 23,109. 34,50 cf. 14,64. — liquore-senno d'Orlando Fur. 34,83.

VII. Weichheit *(mollezza)*.

avorio-mammelle d'Olimpia Fur. 11,68.

VIII. Härte *(durezza)*.

acciaro-navigante Fur. 19,47. cf. 29,62. — armatura-pelle d'elefante Inn. II:28,33. — colonna-Angelica Fur. 1,49. Marfisa Inn. I:26,23. — diamante-Orlando fatato Fur. 11,50. 12,49; cuore 20,43; cf. 33,82. 46,117. — ferro-unghie dell'arpia Inn. II:4,51. cf. Fur. 10,101. incude-armi Fur. 1,17. 19,96. 22,67 17,101. cf. I:16,33. — osso-pelle Inn. I:4,48.57. Fur. 29,62. (cf. 29,60). — pietra-uomo Inn. I:26,23; Fur. 1,39. cuore 16,72. — sasso-Rinaldo Inn. I:5,16. fratelli di Rinaldo Fur. 25,95. cf. Inn. I:12,18. 21,48; II:28,4. III:3,25. 4,34. Für. 10,101.

23,122. piuma Inn. J:12,10. (letto) Fur. 23,122. — scoglio-cuojo di serpente Inn. III:2,22. — selce-letto Fur. [1]21,122. (cf.[2]21,122.[3]23,122).[1]).

IX. Weichheit, Nachglebigkeit *(mollessa, pieghevolezza)*.

cera-membre d'Orrilo Fur. 15,69. cf. 23,58. — giaccio al sole- Ferraù I:3,64. Iroldo e Tisbina 12,48; cf. Fur. 31,48. — giglio, rosa incisa- Narciso morente Inn. II:17,55. — neve al sole-fata Inn. II:17,58. (cf. I:12,15).

X. Zerbrechlichkeit, Widerstandslosigkeit *(fragilità)*.

canna-Zerbino Fur. 24,65; cannuccia-asta Inn. III:3,6. — carta- armi Inn. III:2,52. 8,88. Fur. 17,90. 26,21. cf. Inn. II:15,10. I:16,17. — tegole di corte-armi d'Orrilo Inn. III:2,52. — cenere-elmo Inn. III:8,40. cf. ib. 4,14. — corpo nudo-sbergo Inn. II:7,24. -- erba di prato-gente Inn. II:7,3. -- esca-pinstre, maglia, e scudo Inn. III:1,21. — finocchio- querois Inn. III:3,29. cf. Fur. [1]16,20. — finocchi. ebuli, aneti, alberi svelti da Orlando Inn. 23,135. — gelo, ghiaccio-armi Inn. I:2,4. III:3,39. Fur. 2,10. 23,82. 26,74. 46,115. guerriero Fur. 26,23. — giunco- Barigaccio Inn. II:19,33; Agramante Fur. 42,9; nemici [1]16,20. — latte- armi Inn. J:19.4. II:3,57. Fur. 25,15; Aridano II:7,59; pezzo di latte- Rodomonte II:7,59. — legno-brando Inn. I:18,17. — nocciola, fungo, giglio-capo Inn. III:3,40. — ovo-elmo Fur. 26,19. — panno-nemici Fur. 40,26. — pasta-uomini Inn. I:1,77. II:2,60. Fur. 9,68; piastra Inn. III:2,23. osbergo Fur. 45,68. — paglia-armi Inn. III:1,19. cf. I:16,54. — cera, paglia-Maganzanesi Fur. 23,58. — pelo-uomini Inn. II.30,13. — peltro-armi Fur. 14.130. — popone-scudo Inn. II:19,83. — ranocchio-gigante Inn. III:3,29. — salce-lancia di cerro Fur. 19,94. — scorza-armi Inn. III:5,3. Fur 26,76. cf. 14,130. 42,12. — tela marza-usbergo Inn. III:8,40. — tela di ragna-armi Inn. II:21,30. III:5,4. cf. Fur. 18,143; Inn. III:6,6. — torso-Mandricardo Fur. 26.126. — torso o rapa-gente cristiana Fur. 18,116. — vetro-armi Inn. II:25,16. III:4,21. Fur. 26,82. 44,86. Inn. II:15,4. Fur. 16,19. 31,18. 37,50. 39,12. cf. 28,63. capo Fur. 29,68. naviglio Fur. 9,17. Francia Fur. 38,50. — viti e saloi-uomini Fur. 18,20.

XI. Schwere *(gravità)*.

ancude-martello Inn. I:16,83. — martello-mano Fur. 23,84.

XII. Leichtigkeit *(levità)*.

galla-pezzo di monte Inn. III:3,56. — paglia-cervello Inn. II:7,27. — palla di cottone-Antifor d'Albarossia Inn. II:2,62. — sasso uscito d'una fromba-sedia d'oro Inn. II:9,39. — vesta-elmo Fur. 12,30.

---

1) In den angeführten Parallelstellen zu den gehäuften Vergleichen schon inbegriffen ist der besondere Vergleich, welcher die nur in der Einbildung Orlando's vorhandene *steckende* Wirkung des Rubelagers des Angelica mit der einer Brennnessel (ortica) Fur. [3]23,122 cf. Inn. I:25,20 eines neuen Seihetuches (stamigna nuova) [2]21,122 und eines borstigen Farrenkrautes (setoloso felce) [1]21,122 in Be- ziehung setzt. cf. p. 58 (XIII).

Ausg. u. Abh. *(W. Tappert)*.   4*

XIII. Schärfe *(taglio)*.

fusto-brando Inn. I:24,33. — spata-coda dell' asinello Inn. I:17,42. II:4,57; corno del mostro Inn. I:8,58. — setoloso felce-piuma Fur. '21,122. — stamigna nuova-piuma Fur. "21,122. — urtica-piuma Fur. "23,122.

XIV. Wärme *(caldo)*.

fiamma-Scotto Fur. 16,53.

XV. Kälte *(freddo)*.

aspe-Gelosia Fur. 18,33. — colonna-Angelica Fur. 1,49. — geloviso attonito Inn. II:30,13. — giaccio-drago incantato Inn. II:26,14. Zerbino morto Fur. 24,85. Rodomonte morto 46,140. cf. II:30,13. Fur. 16,53. — neve-Olimpia Fur. 10,24.

XVI. Widerstandsfähigkeit, Unbeweglichkeit *(immobilità, resistensa)*.

colonna-Marfisa ed Aquilante Inn. I:26,23. Doralice Fur. 30,43. donna 43,4. — monte di diamante-Argalia Inn. I:2,5. — monte di metallo-Marfisa Fur. 20,126. cf. 1,74. — pietra-Sacripante Fur. I,39. — sasso-Rinaldo Inn. I:21,21. Angelica Fur. 8,38. Olimpia 10,34. Orlando 23,111. cf. 10,101. — scoglio-Rodomonte Inn. II:6,40. Bradamante Fur. 45.101. cf. ib. 30,48. 44,61. — statua-donna Fur. 20,22. cf. 10,96. 46,38; (87,11). — torre-Serpentino Inn. I:2,36. Archiloro 16,48. Marfisa 18,7. cf. 23,24. Fur. 30,48. — torri ai venti, scogli all'onde-Ruggiero e Mandricardo Fur. 30,48. — sacco di stoppa-corpo delle Arpie Fur. 33,122.

XVII. Schnelligkeit *(velocità)*.

aquila-Ippogrifo Fur. 6,18. — aquila, falcone-Ippogrifo 33,96. — baleno-Bajardo I,74. cf. Inn. III:6,30. — Angelica Fur. 12,61. (cf. ib. 59,60). — (balenare Fur. 11,6.) — saetta (Blitz)-Ferraù Inn. I:1,76. Draghignazzo Inn. I:5,45. Truffaldino 26,41. Aridano II:2,18. Marfisa 3,5. Brunello 11,5. Ruggiero 17,33. Marigotto 18,23. Orrilo III:3,14,44. Daniforte 6,19. cf. II:7,4. III:1,43. 4,17,21. Fur. 15,40. 6,18. — grifone Inn. I:13,17. Bajardo 16,45. corsiero III:1,43. cf. I:13,28. — cane-Ferraù Inn. I:1,76. — cervo-Frontino Inn. II:17,18. — cervo e pardo-Sacripante I:14,15. cf. Fur. 35,11. — damma-destriero Fur. 24,61. 35,11. — falcone-Sacripante Inn. II:3,2. cf. Fur. 6,18. 19,52. 33,96. Inn. II:16,5. — fiamma-Zerbino Fur. 24,61. (cf. 27,78. 10,40). — fiera-Leodilla Inn. I:21,57. — levrieri-capitani pagani Inn. II:29,48. cf. 17,45. — macigno-Sacripante Fur. 27,79. — noto-Orco Fur. 17,32. — pardo-Rodomonte Inn. II:15,15. cf. Inn. I:1,76. I:14,15. II:17,45. — saetta (Pfeil)-Draghignazzo Inn. I:5,45. barca Inn. II:9,61. vera Inn. III:4,6. fuggitivi Inn. I:25,10. cf. I:2,20. II:16,5. 19,4. III:6,30. Fur. 13,16. 15,40. 23,14. 26,130. 29,64,69. — uccello-Brandimarte Inn. I:20,13. uomini 6,3. 16,48 22,51. II:2,68. 17,28. 30,38. cf. II:19,10. 15,67. — veltro-Pinadoro Inn. III:6,32. cavallo 9,18. cf. II:16,5. Fur. 14,130. — vento-persone e cavalli Inn. I:1,76. 2,37. 4,13. II:16,3,6. 31,19,28. III:5,26. 7,5. Fur. 2,23. 15,40. cf. II:19,10. Fur. 8,6,80. 22,14. 44,85.

59

XVIII. Charaktereigenschaften von erdichteten Wesen auf dieselben Eigenthümlichkeiten von Personen bezogen.

furia infernale-Gabrina Fur. 21,47. *(crudeltà e fellonia).* — Lucifero-Senapo Fur. 33,109 *(superbità).*

XIX. Charaktereigenschaften von Personen auf dieselben Eigenthümlichkeiten von Thieren bezogen.

agnello-Baiardo Fur. 1,76 *(mansuetudine).* — colombi-donne smarrite Inn. II:20,6. *(timidità).* cf. Fur. 20,92. 25,68. — orso-Rinaldo Inn. I:9,9. Orrigille 29,4. Odorico Fur. 13,28. cf. 23,48 *(crudeltà).* — tigre-donna Fur. 20,43. cf. 23,48 *(crudeltà).* — volpe-Orrigille Fur. 16,18. *(frode).*

XX. Wirkung *(effetto).*

argano-forza d'Orlando Fur. 11,41. — bombarda-scossa di Rodomonte Fur. 16,27. (cf. Inn. I:11,1). — trenta falci-Sacripante ed Agricane Inn. I:11,21. cf. Fur. 12,80. — ferro (ferrigno)-unghione dell' Arpia Inn. II:4,51. — fulmine-Rodomonte Fur. 23,37. (cf. I:6,12). fucile Fur. 9,88. — orso, leone, terremuoto, gran Diavolo-forza di Ruggiero Fur. 25,14. — saetta e trono-Durindana Inn. I:6,12. — cento spade-colpi di Bradamante (ferite di Pinabello) Fur. 23,40. — vera-prora della nave Inn. III:4,7.

XXI. Menge *(quantità).*

arena-varietà di lingue, di fazioni e di vesti Inn. II:22,28. — crini-occhi Fur. 28,72. (cf. Inn. I:21,68. Fur. 14,107). -- foglie-uomini Fur. 16,75. colpi Inn. II:17,47. — gemme sparse in un riccamo d'oro-Paladini tra' nemici Fur. 39,17. — grandine-saette Fur. 16,19. cf. 30,51. 45,76. — mosche, formiconi-schiere africane Inn. II:30,8. — neve-colpi Inn. I:11,11. II:17,47. frutti 5,11. — pesci-gente morta Inn. II:14,35. — piante, onde, occhidel cielo-esercito saracino Fur. 14,99. (cf. Inn. II:8,19). — pioggia-gente Inn. II:23,39. cf. I:11,11. II:17,47. (cf. p. 49). — rami, fronde-gente uccisa Inn. II:5,19. 11,52. 17,47. — scintille del foco stuzzicato-gente morta Fur. 16,16. — stelle-pesci Fur. 6,39. perle, preziose Inn. II:8,19. 22,28. — tempesta-tedesca rabbia 33,41. colpi 42,56. gocce rosse sparse in una veste 43,155.

XXII. Getöse *(romore)* [1].

campana-l'elmo colpito *(risonare)* Inn. III:7,50. — cane-Cardone *(abbagliare)* Inn. I:6,63,66. — corno-voce di Brunello Inn. II:3,40. — venti fabbri-rumore di colpi Inn. I:24,9. — ferro ala fucina-

---

1) Die allgemeinsten, rein hyperbolischen Beziehungen sind um ihres kaum anschaulich zu nennenden Inhaltes willen nicht besonders aufgeführt. Ausserdem sind im ersten Theile p. 22/3 und p. 25/6, allerdings nur in Anbetracht ihrer formalen Ausbildung, hinreichend Beispiele für dergleichen Wendungen gegeben, weil lediglich die Form interessiert. Als die geeignetsten Vertreter seien Inn. II:12,33. 24,3. 31,21. Fur. 16,56. 18,41,141 genannt.

battaglia Inn. II:15,89. cf. I:4,65. 24,9. — leone-Ruggiero (*ruggire*) Fur. 26,132. 43,168. — pietre uscite d'una fromba-rumore Inn. III:2,20. tempesta-piastre cadenti Inn. II:15,10. cf. 30,19. muri cadenti Fur. 40,19. — toro-Orione (*mugghiare*) Inn. I:5,13. — torrione, giogo di monte cadendo-Rodomondo cadente Inn. II:14,48. — trono-scontro di due nemici Inn. I:2,44. 21,21. II:21,4. grido 9,62. cf. 31,19. — tromba-voce di Ruggiero Fur. 36,29. — tuono-scoppio Fur. 14,133. Inn. I:26,18 cf. Fur. 10,40. 15,15. 25,14. — vento, terremuoto-suono del corno d'Astolfo Fur. 15,15. — sacco d'arme-Orlando cadendo Fur 23,88 cf. Inn. II:14,43 [1]).

XXIII. Kampf (*battaglia*).

Die Mehrzahl der unter XVII u. XX. angeführten Belege gehört je nach der durch sie bezeichneten Situation auch hierher.

a. Belebte Wesen.

cinghiale-Ruggiero Fur. 26,116. — demonio-Archiloro Inn. I:16,32. — drago-Archiloro Inn. I:16,36. rè pagani II:30,9. Brandimarte III:5,46. cf. I:27,13. 28,20. — leone-Ferraù Inn. I:7,20. Orlando ed Agricane 15,3. barone II:2,54. III:5,49. Sobrino II:16,26. Aldighiero Fur. 26,19. cf. 30,56. 35,14. Inn. I:8,37. — leone ferito, drago-Orlando Inn I:27,25. — leoni, tori-Sacripante e Bradamante Fur. 1,62. — martello, tanaglia-Orlando e Mandricardo alle prese Fur. 23,84. — serpente-Grandonio Inn. II:23,35. Agricane 16,24. Rinaldo ed Uberto 21,18. Chiarione II:2,59. Rinaldo I:23,37. (cf. I:27,13). Rodomonte alzando la faccia Inn. II:7,20 (*superbità*)[2]. — serpente irata-Orlando I:28,24. Grandonio 3,3. cf. 8,37. — serpe, leone-Mandricardo Fur. 30,56. — vipera-Bradamante Fur. 36,46 (*sdegnosa*)[2]. — soldano facendo assalto-Grifone Fur. 18,7.

b. Naturerscheinungen und leblose Gegenstände.

fiume-Oliviero Inn. I:7,5. gente saracina Inn. III:4,31. — fortuna di marina-Agricane Inn. I:11,35. cf. II:14,32. III:6,4. — tempesta-cavalieri Inn. I:25,60. III:5,45. I:28,16 21,29. 23,43. Fur. 33,41. arte-gliaria Fur. 10,51. — vento-Orlando Inn. I:28,16 Ruggiero III:6,4. — vento e tempesta-Orlando Inn. I:23,16. — troni-Rinaldo ed Adriano Inn. I:21,21. — trono, tempesta, impeto d'acqua e di fuoco-Orlando Inn. II:31,19. — trono, baleno folgore di fuoco-Ruggiero Inn. III:4,7. — facella accesa-Brandimarte Inn. I:15,43. — facella, lampa-Rinaldo Inn. I:27,23. — vampa-Carlo Inn. I:7,10. cf. III:4,17. Fur. 26,23. — fuoco-Marfisa Inn. II:2,35. — rocca cinta d'alto muro-Astolfo in battaglia Inn. I:10,32. cf. 27,6 Fur. 18,11.

XXIV. Thätigkeiten (*azioni*).

Bei der Vergleichung von Thätigkeiten sind zwei verschiedene Beziehungen zu unterscheiden. Entweder wird nur eine Thätig-

---

1) Ein Vergleich. der infolge seiner Einkleidung sich nicht recht dem Schema fügt, soll um seiner seltsamen Ausdruckweise nicht ver-schwiegen werden: E fece (Rodomonte) nel cader strepito, quanto Avesse avuto sotto i piedi il feltro. Fur. 14,130.

2) cf. p. 59, XIX.

keit, welche zwei verschiedene Wesen besitzen, wenn auch nicht in gleichem Maasse, sondern so, dass sie dem vergleichenden als wesentliches Attribut zukommt, während sie bei dem verglichenen fast nur als accidentelles Moment auftritt, hinsichtlich ihrer Intensität bei beiden Individuen verglichen. Oder es werden zwei verschiedene Thätigkeiten, deren jede — und besonders wiederum die des vergleichenden Wesens — ihrem Subject durchaus eigenthümlich ist, gerade um dieses Verhältnisses willen auf einander bezogen. Das erstere Verfahren ist als das näherliegende das gewöhnlichere, das letztere begegnet seltener.

Schwimmen (*notare*).

delfino-legno Inn. I:5,54. — lontra-Orlando Fur. 30,5. cavaliero facendo battaglia 35,84. — nave-Bajardo Inn. II:13,66. — pesce-Brunello Inn. II:5,36. Bajardo 14,5. Naiadi III:7,7. Orrilo Fur. 15,71. Orlando 29,48. — rana-Brunello Inn. JI:5,36. Orrilo III:3,18. — veltro-Rodomonte Fur. 14,130. (cf. 18,24).

Fliegen (*volare*).

falcone-squarcione Inn. II:30,13. — polvino-maglia squarciata Inn. II:15,10. — nocella-Pasilea Inn. II:15,56. — augelli-tronchi Fur. 46,115 (cf. ib. 117). — vela-squarcione Inn. III:15,10. cf. II:15,10. Fur. 46,115,117.

Springen (*far salti*).

cervo-Frontino Inn. II:17,18. — levriero-Rodomonte Inn. II:15,15. — levriero, pardo-Sacripante Inn. II:17,45.

Bewegen, a. Zittern (*tremare*).

foglia-persona Inn. I:15,27. 16,8. II:21,43. 30,50. Fur. 18,80. cuore Fur. 1,17. 9,76. 42,56.

b. Äussere Bewegung (*volgere*).

foglia-Orrigille Inn. I:29,2. Morgana danzando Inn. II:8,57. Rinaldo soffiato dal vento 9,57. Bradamante (*volubile*) Fur. 45,101.

Fliehen (*fuggire*).

grue fuggendo il falcone-Angelica fuggendo Rinaldo Fur. 1,77. — lupo cacciato-Martano Fur. 17,91. — mosca, formicone-esercito Inn. II:30,8. III:8,14. cf. Fur. 18,16. (43,47). — puttana-Ruggiero Inn. II:30,34, vgl. biscia-fauna (*sdrucciolando*) Inn. II:5,70.

Schlafen (*dormire*).

ghiri, tassi-Grifone Fur. 17,109. cf. 32,12. 33,64. — orsi, ghiri-Olimpia Fur. 10,18.

XXV. Wesentliche Eigenschaften, welche zum Theil erst durch die Beziehung des ihnen zugehörigen Gegenstandes auf andere Gegenstände hervortreten.

Abweichend von den bisher genannten Beispielen, deren mehrere vermöge ihrer einem gleichen Zweck dienenden Beziehungen eine Gruppe bildeten, nehmen die folgenden Vergleichsobjecte insofern eine Sonderstellung ein, als sie, trotz ihrer unleugbaren Ähnlichkeit mit den unter II. XVIII u. XIX. aufgezählten Fällen, völlig verschiedene Verhältnisse betreffen.

a. Belebte Wesen und Personificationen von überirdischen Wesen.

asino e ciacco-cortigiano Fur. 35,21. — basilisco-Gabrina Fur. ¹19,3. (⁹19,⁹21,3. morbo e morte). — bracco-Orco Inn. III:3,31. Fur. 17,31. — bue-Nabucodonoser Fur. 34,65. cf. Inn. I:18,44. — buffolo-Orco Inn. III:3,57. — cani-Lestrigoni II:18,46. Antropofago colla bava ib. 47. — cherubino-Astolfo Fur. 28,39. — Dio-Folderico Inn. I:21,52. Narciso Inn. II:17,54. Astolfo Fur. 38,27. Ippolito 46,87. — Dea-Giulia Gonzaga 46,8. — Dea del paradiso-Doralice Inn. II:23,12. — diavolo-Rodomonte caminando Inn. III:5,14. — eremita-Rodomonte Fur. 46,112. — fanciullo-Dudone Inn. II:14,66. Rinaldo 15,47. 20,32. — gregge bianca-mar turbato Inn. III:4,3. cf. Fur. 41,9. — lasca a l'esca-gente Francesca al vin Lombardo Fur. 33,14. — morbo e morte-Gabrina 21,3. cf. basilisco. — morte-Arpie Fur. 33,120. Marganorre 37,41. — mergo-sole Fur. 32,63. cf. Inn. III:4,6. — nauta-eremita Fur. 28,101. — orsa-Erifille (Eriphyle) graffiando Fur. 6,78. — pastore-orco Fur. 17,32. — pecore-Africani Fur. 39,21 (cf. ib. 71). — peregrino-Prasildo Inn. I:17,4. cf. II:5,64. III:1,13. — seguscio-Orco Inn. III:3,44. — serpe-Rinaldo Fur. 42,87. — smergo, oca-nave sotto acqua Inn. III:4,6. — verro-Orco Inn. III:3,43. Rodomonte 8,26. cf. Fur. 19,42. 37,78. — volpe-Brunello Inn. II:5,31. — tarlo-fama Fur. 34,74. — vittima-donna Fur. 37,84. (cf. 20,41).

b. Leblose Wesen.

acqua di vena-lacrime Inn. I:29,45. cf. Fur 44,40. — arco-sasso Fur. 10,23. monte 23,105. — bilancia-Zerbino Fur. 23,69. — corona-acqua intorno allo scoglio Inn. I:5,60. — corpo morto-Fur. 2,55. 43,157 (cadere) cf. Inn. I:16,53. 21,19. 28,27 29,43. Inn. II:2,18,26. 19,12. III:6,11. 7,52. Fur. 22,95. 7,7; (cf. Fur. 33,33. 43,157). — facella-regno di Sacripante Inn. II:3,10. — fiume-sangue Fur. 18,162. — fontana-sangue Inn. I:3,6. — fonte-sangue Fur. 18,162. 46,135. cf. Inn. II:24,23. rio-sangue Fur. 44,87. pianto 14,50. — ruscello-lagrime Fur. 1,40. — fiore-dottrina Inn. I:18,44. — fornace-Balisardo trasmutato Inn. II:10,47. — castello-moglie Inn. II:26,31 (cf. Fur. 24,31). — labirinto-selva antica Fur. 18,192. — lancia, spiedo-dolore Fur. 43,118. — mano-elefante Inn. II:28,35. — muro, fossa-ombre Fur. 3,22 (cf. 24,101). — nardo e mirra-odore Fur. 35,24. — olio ardente-acqua dell' Arpia Inn. II:4,53. — onde-arrida sabbia Fur. 44,22. lagrime ib. 40. — ortica-Leodilla Inn. I:25,20. cf. Fur. 23,122. — osso-faccia d'Orlando Fur. 29,60. — sasso, legno-uomo non pensando a Dio Inn. I:18,44. — sogno-battaglia con Orrilo Fur. 15,78. — specchio-bel viso Inn. II:13,22 (cf. Fur. 24,88. 11,69). — tanaglia-Rodomonte stringendo colla mano Fur. 29,6 (cf. 23,84). — teatro-popolo mirando alla battaglia Fur. 40,2. — torno-Medoro Fur. 19,6. capo Fur. 29,22;

Frontino 41,91. — stagno all'argento, rame all'oro, papavero
alla rosa, salce all'alloro, vetro a gemma-femmina qualsi-
voglia a Lucrezia Borgia Fur. 13,70.

Bei sämmtlichen Vergleichen werden ähnliche Beziehungen
aufgesucht, wiewohl der verglichene Gegenstand vom vergleichenden in der Regel wesentlich verschieden ist; es liegt
einzig und allein in der Hand des Dichters, diese Verschiedenheit
zu heben oder doch merklich zu vermindern. Sobald indess
ein Gegensatz des Bildes zum Gegenstande beabsichtigt ist, allein
um der Wirkung willen, die dann schliesslich die Richtung des
Komischen oder Lächerlichen nimmt, dient der Vergleich nur
noch einem humoristischen oder satirischen Zweck. Der volksthümlichen und der ihr verwandten Darstellungsweise ist dieses
Mittel von je her sehr geläufig gewesen; Bojardo's entsprechende
Vergleiche sind durchweg im Sinne des volksmässigen Humors
gehalten, Ariosto betont dagegen das satirische Element.

branco di capre disturbato-pagani fuggenti Inn. I:4,44. —
capra-popolo II:17,11. — castrone-cavalieri Inn. I:1,44. 6,31. 7,51.
10,35. 20,32. — montone-Orlando (sodo) Inn. I:6,29. Sacripante e Bradamante Fur. 1,63. (cozzare). — cucco-Bradamante, (tenendo l'ale basse)
Fur. 25,31. — fuoco-Astolfo rabbioso Inn. II:12,41. — vil garsone-
Orlando (lacrimando) Inn. I:2,22. — mastini-Saracini (giacendo) Inn.
I:1,43. — pecore-esercito nubo Fur. 39,21. — cf. Inn. II:22,9. —
rana-nemico (sproccando) Inn. II:29,61. cf. III:3,29. Fur 9,69. 14,46. —
uomo di paglia-paladino Fur. 22,95. — uomo di neve-Balisardo
Inn. II:10,45. — veneno, sangue, viperino-acqua Fur. *14,124.
*12,124. — arsenico, sangue viperino-acqua Fur. '12,124. — zucca-
cavallieri (venendo a galla) Inn. III:7,86.

Obgleich ebenfalls Auslassungen eines derben, volksmässigen
Humors, sind in der voraufgehenden Aufzählung die Werth-
bezeichnungen, auf welche p. 15 schon hingewiesen war, übergangen, weil ihre Begriffe in noch viel geringerem Masse, als
es von denen der letzten Gruppe gilt, der durch sie bezweckten
Vergleichung wesentliche Dienste leisten. — Als Belege hierfür
mögen die wirklich characteristischen Wendungen eine bescheidene Stelle finden: Inn. I:3,13. 17,18. 18,30. 23,39. III:8,29.

Einer besonderen Erwähnung scheint der Fur. 28,63 herangezogene Vergleich werth zu sein. Das behutsame Heran-
schleichen des Liebhabers der Fiammetta sucht der Dichter in
folgender Anknüpfung möglichst anschaulich wiederzugeben:

Fa lunghi i passi e sempre in quel di dietro
Tutto si ferma, e l'altro par che muova.
A guisa che di dar tema nel vetro;
Non che'l terreno abbia a calcar, ma l'uova.

Zum Verständniss weiteres hinzuzufügen ist überflüssig; was den letzten Vergleich anbelangt *(calcar l'uova)*, so sei an die sinnverwandte deutsche Redensart »wie auf Eiern gehen« erinnert.

Ein kurzer Überblick der dargelegten Thatsachen ergiebt zur Evidenz, dass sowohl die Anzahl der Vergleiche überhaupt, als auch im besonderen die zur Vergleichung angezogenen Begriffe an Mannigfaltigkeit nichts zu wünschen übrig lassen. Die Abstracta sind so gut als ganz von der vergleichenden Bezugnahme ausgeschlossen; wo sie aber herangezogen sind, und das geschieht nur selten, da ist mit ihnen eine wesentliche Veränderung vorgenommen. Sie erscheinen als beseelte Wesen, die in der Vorstellung des Dichters eine feste Gestalt angenommen haben [1]). Infolge ihres seltenen Auftretens können wir sie bei der folgenden allgemeinen Betrachtung, ohne ihnen erheblich Unrecht zu thun, ausser Acht lassen.

Bei der Beschränkung, welche der Dichter sich selbst und auch der Vergleich ihm auferlegte, konnte es nicht ausbleiben, dass er oft zu demselben Mittel griff, um eine oder mehrere Eigenschaften entsprechend zu veranschaulichen. Daher kommt es, dass, um dieselben Beziehungen auszudrücken, sich auch dieselben Vergleichswörter wiederholen. Die Widerstandsfähigkeit, die Farbe, die Schnelligkeit, der Kampf und andere Einzelheiten lebendiger Schilderung sind von unsern Dichtern auf dieselbe Weise, durch denselben Vergleichsbegriff dargestellt. Aber bei der Allgemeinheit und Stetigkeit der Beziehungen besagen diese Übereinstimmungen weniger eine Entlehnung des Jüngeren vom Älteren, als dass vielmehr keiner von beiden ein bequemes Ausdrucksmittel für eine häufig dargestellte Beziehung verschmähte. — Dass aber nichtsdestoweniger jeder einzelne Poet über einen reichen Schatz von zum grossen

---

1) Vgl. Vischer: Ästhetik 8,2 § 885.

Theil glücklichen Anknüpfungen frei waltete, geht aus der oben gegebenen Übersicht deutlich hevor. Von den dort aufgezählten Gruppen bietet die letzte die mannigfachsten Beziehungen: sie unterscheidet sich eben dadurch von allen übrigen Abtheilungen, welche bestimmte Beziehungen oder Eigenschaften auf verschiedenen Wegen darstellen, und besonders von der zweiten dadurch, dass sie nur den Begriffen entweder durch Gewohnheit übertragene Eigenschaften oder ebenso zugeschriebene gebräuchliche Beziehungen zu andern Begriffen als Vergleichspunkte wählt, die, eben weil sie allgemein bekannt sind, verschwiegen werden: so *arco*, *agnello*, *corona*, *fanciullo*, *fonte*, *labirinto*, *pastore*, *torno* — und gerade hier, wo eine anschaulichwirkende Vorstellung beabsichtigt ist und auch nach Kräften erreicht wird, übertrifft Ariosto seinen Vorgänger um ein bedeutendes, obwohl auch letzterer glückliche Einfälle verräth, welche denen seines Nachfolgers nichts nachgeben, wie z. B. Inn. I:5,60. II:30,8. III:8,14 u. ä. — Unter den Vergleichen des Fur. möchte wohl Fur. 23,109 die treffendste Congruenz von Bild und Gegenstand mit conciser Darstellung am gelungensten vereinigen.

Sonst bevorzugt Bojardo den allgemeinen Charakter und Eindruck einer Erscheinung, wobei er dann grösstentheils weniger auf einen einzelnen, bestimmten Fall sieht, als dass er vielmehr das Wesen, die Gesammtheit ihrer Merkmale überhaupt begreift. So sind *vento*, *saetta*, *fuoco*, *serpente* ohne jedes vermittelnde Verb oder Adjectiv gesetzt. — Der blosse Hinweis, ohne jede Rücksicht auf ein charakteristisches Merkmal, genügte zur Erläuterung eines andern Gegenstandes. Später begriff man, ausser der bezüglichen Eigenschaft, auch die sämtlichen Wirkungen, sobald des Objectes erwähnt wurde, und bisweilen ist schwer zu unterscheiden, was das wirkliche tertium comparationis ist. s. B. *Fuoco* bedeutet zunächst nur die äussere Ähnlichkeit der Farbe — diesem Sinne sind *fiamma viva* und *vampa* (in den Citaten) treu geblieben — dann erinnerte sein Licht und Glanz an dieselben Erscheinungen anderer Körper, und zuletzt wird die Wirkung auf einen anderen Gegenstand fast allein betont, wie

z. B. Inn. I.12,41 und in den Gleichnissen, in denen das vom Feuer
ergriffene Stroh als die anschaulichste Vorstellung einer in
unwiderstehlicher Flucht begriffenen Rotte oft wiederkehrt oder
zur Schilderung einer ungewöhnlichen Schnelligkeit dient. Das
Züngeln der Flamme wird dem glühenden Athem entgegengestellt. — Ähnlich lieh *vento* die rasende Eile, später die
furchtbare Wirkung auf dem Lande und in dem Wasser zu
denselben malerischen Zwecken. *Saetta* erging es ebenso, da es
mit *fuoco* die Wirkung, mit *vento* die Eigenschaft theilt; die
Beispiele sprechen deutlicher als weitere Auseinandersetzungen
für die Behauptung. — Ariosto zeigt gegen solche typische —
und leider oft zwecklose — Verwendung einen entschiedenen
Widerwillen, ohne dass seine Vorliebe für gewisse stehende
Vergleichswörter geleugnet zu werden braucht — so z. B.
piropo, *gelo*, *vetro* zur Bezeichnung des Glanzes, der Zer-
brechlichkeit — doch unterscheiden die sich von den
Typen des Vorgängers dadurch, dass sie stets eine scharf aus-
geprägte Eigenschaft verkörpern. — Anders steht es wiederum
mit dem Lieblingsausdruck des Grafen von Scandiano, welcher
die »Schlange« *(serpente)* auf den kampferzürnten Helden
bezieht, und zumal ohne jede nähere Bestimmung; nur einmal
vertritt das Wort eine Charaktereigenschaft Inn. II:7,20 — die
Schlange ist das Abbild von Rodomontes Stolz. — Sonst kann
man sich der Ansicht nicht verschliessen, dass, wo das Wort
im Versende steht, es lediglich dem Reime diene, wie z. B. Inn.
I:3,3. 16,24. 21,18. 27,13. 28,16.20. II:2,59. Denselben Zweck
versehen auch wohl die anderen stereotypen Vergleichswörter
bisweilen. *fuoco.* Inn. I:25,44. 26,64. II:23,77. — *saetta.* Inn.
I:13,27.28. 16,45. 25,10. 26,41. II:2,18. 3,5. 17,33. III:1,43. 3,14.
Fur. 15,40. 26,130. — *vento.* Inn. I:1,38. 2,37. 4,13. 28,16.
II:16,36. 19,10. III:5,26. 7,5. — Die häufige Wiederholung hatte
die poetische Wirkung dieser Vergleiche um ein bedeutendes
abgeschwächt. Damit waren diese Wortvergleiche schliesslich
nur zu prädicativen oder adverbialen Bestimmungen herabge-
gesunken; sie vertreten schliesslich die adj. *irato, veloce,*

rapido in gesteigerter Intensität. Zu einer vergleichenden Begründung sei auf Analogieen wie »blitzschnell, Windeseile, Zornesgluth« hingedeutet, nur dass hier Bild und Gegenstand mit einander unzertrennlich verbunden sind, ohne dass ersteres in seiner Eigenschaft als veranschaulichendes Darstellungsmittel noch besonderes empfunden wird. — In dem Beispiele Inn. I:25,64. kann *foco* wohl auf *occhi* bezogen werden — was durch 30,29. 21,29 bewiesen wird — oder auch ebenso gut eine prädicative Bestimmung des in dem v. liegenden subj. sein; seine metaphorische Bedeutung würde alsdann durch Exempel p. 43 begründet sein. Ebenso verhält es sich mit *vento* Inn. II:16,3.6. *saetta* II:2,18. III:3,14 und *serpente*. Inn. I:26,24. 21,18. II:2,59. —

Die Hauptveranlassung zur Verwendung dieser allgemeinen Ausdrücke bietet die Schilderung des Kampfes: *leone* steht mit *serpente* auf gleicher Stufe, *fortuna di marina* spricht die Analogie zu *vento* deutlich genug aus. —

Die Begriffe der Schnelligkeit, der Quantität sind besonders häufig durch hyperbolische und gehäufte Vergleichungen ausgezeichnet. Sobalb es sich um eine vergleichende Gegenüberstellung von Thätigkeiten handelt, überrascht Ariosto durch neue Vergleichspunkte und -Wörter, doch geht auch der Inn. nicht leer aus: Inn. II:18,47. III:3,43. I:29,45, von denen die letzten zwei vielleicht die Anregungen zu Gleichnissen im Fur. gegeben haben. —

So gewiss nun ist, dass die Wiederkehr desselben Begriffes zur Bezeichnung derselben Ähnlichkeit sich nicht auf eine unmittelbare Entlehnung des jüngeren von dem älteren Poeten gründet, so ist letztere doch da bestimmt nachweisbar, wo jener ein im Inn. unvollendet gebliebenes Abenteuer aufnimmt. So z. B. im sechsten Gesange, wo Astolfo dem erstaunten Ruggiero erzählt, wie er in Alcina's Gewalt gekommen sei — was Bojardo Inn. II:13,54 ff. schilderte, wird hier wiederholt. Der Wallfisch, auf dem der Paladin entführt wird, ragt mit seinem ungeheuren Rücken aus dem Wasser so weit hervor, »dass er eine *Insel*

scheint, welche mitten im Meer gelegen ist« (Inn. II:13,58).
Denselben Vergleich nimmt Ariosto herüber und zwar wendet
er ihn zweimal an Fur. 6,37.40. — Hier liegt in der That eine
Benutzung des Älteren von Seiten des Jüngeren vor (P. Rayna:
Op. cit. p. 145). — Die der homerischen Polyphem-Episode
nachgeahmte Erzählung von dem Orco bietet einen weiteren
Beleg. Zunächst ist das Ungeheuer in dem Inn. mit dem
Bracken verglichen, der den Fährten des Wildes folgt, wie
jenes der Spur des Menschen: Inn. III:3,21 — Fur. 17,31; sodann
trägt es die Hauer eines Schweines Inn. III:3,38. — Fur. 17,30. —
(P. Ragna: Op. cit. p. 243). — Den schwimmenden Orrilo
vergleicht Ariosto (Fur. 15,71) mit einem Fische, nachdem ihn,
ungleich charakteristischer, Bojardo dem Frosch an die Seite
gestellt hatte (Inn. III:3,18). — In diesem Falle glaubte der
Nachfolger den Vorgänger verbessern zu müssen. Und mit
gutem Grunde; denn bei Ariosto hätte der Vergleich in seiner
unveränderten Gestalt sehr leicht, ja fast ausschliesslich
den Sinn des Lächerlichen angenommen, welchen Bojardo
nicht im entferntesten beabsichtigt hatte. — Neben diesen
ganz unabweisbaren Entlehnungen verdient ein allerdings
hypothetischer Fall einige Beachtung. Wie Bojardo das
Lager des unruhigen Prasildo mit der Härte eines Steines
verglichen hatte, (Inn. I:12,10), so thut Ariosto desgleichen,
als sich Orlando, in der gleichen Liebesqual als sein unglück-
licher Vorgänger befangen, in dem Bette wälzt, das härter als ein
Stein ist. (Fur. 23,122). — Dass Ariosto die Stelle des Inn. vielleicht
im Gedächtniss vorschwebte, wird einestheils durch die unleug-
bare psychologische Übereinstimmung des Vorganges anderntheils
durch die zweimalumgeänderte Gestalt der Stelle im Fur.
wahrscheinlich. In der ersten Ausgabe kann von einer stofflichen Übereinstimmung nachweislich nicht die Rede sein
('21,122), da *selce* statt *sasso* gesetzt ist, während die zweite
Ausgabe schon unser Vergleichswort bietet. —

Abgesehen von diesen Argumenten, werden sich schwerlich
anderswo gleiche Beziehungen feststellen lassen. Auf diesem

Gebiete gehen beide Dichter neben einander her, und nur zufällig laufen ihre Spuren in einander. Aus der Zusammenstellung ergeben sich weder auffallende Abweichungen noch characteristische Übereinstimmungen. Der einzige Unterschied ist der, dass Ariosto eine feste Umgrenzung des Begriffes und daher eine bestimmte Beziehung in dem Vergleiche beabsichtigt, dagegen Bojardo den allgemeinen Eindruck in der Erscheinung und Wirkung des Vergleichenden darstellt. Eine wesentliche Verschiedenheit beider Dichter sowohl in dem Gegenstande, als auch in der Art der Anknüpfung tritt erst da hervor, wo völlig neue, von den bisherigen abweichende Objecte zu einer vergleichenden Anschauung herangezogen sind. Die stoffliche Scheidung erstrekt sich auf concrete wie auf abstracte Begriffe. Will man Vergleichsobjecte, wie *dio cherubino, angelo, demonio, furia infernale, Lucifero, paradiso,* der übersinnlichen Welt zuweisen, so erwächst darum der Ausdehnung des Vergleichsgebietes bei Ariosto noch kein erheblicher Nachtheil, wenn man diese Wörter, die nur allgemeinbekannte Vorstellungen enthalten, ausscheidet. Sie sind als solche im Ganzen nicht von Bedeutung doch nicht so diejenigen Wesen, denen zwar eine gleichfalls übersinnliche, indess nicht so körperlose Existenz zukommt, die aber vermöge ihrer menschenähnlichen Wesenheit deutlichere Beziehungen auszudrücken im Stande sind die bekannten und unbekannteren Gestalten der antiken Mythologie und Geschichte. — Welcher Unterschied der Bildung zwischen dem Zeitalter, da Bojardo dichtete, und der Blüte des Rinascimento, dem Ariosto angehörte! L. v. Ranke gebührt das Verdienst, auf diese charakteristische Verschiedenheit zuerst und mit Nachdruck hingewiesen zu haben[1]).

Die allgemeinste Bezugnahme ist die, welche sich überhaupt nur auf das Alterthum ohne jede zeitliche Grenze erstreckt — eine Vergleichung. die, gleich den p. 25 genannten Vergleichungen. ihre hyperbolische Natur unverhüllt zur Schau trägt. — Inn. I:28,53. Fur. 12,68. 25,1. 27,75. 32,83. — Durch die Setzung eines bestimmten Zeitpunktes — »tempus a quo« — erfährt der hyperbolische Sinn anscheinend eine

1) l. cit. p. 42.

Einschränkung: Fur. 31,5 (Zoroaster), '25,75 (Ninus), 15,24 (Augustus); dagegen hält Fur. 36,53 die Übertreibung in ihrem ganzen Umfange trotz der Bezugnahme auf Athen und Rom aufrecht.

Sobald sich die Anknüpfung auf einen bestimmten Gegenstand bezieht, kann der allgemeine Charakter nur dadurch bewahrt werden, dass ersterer ohne weiteres als bekannt vorausgesetzt wird und bei der blossen Namensnennung der Gesammtheit aller Einzelmerkmale des Objectes gedacht werden soll. —

Dgl. bietet sich in den vergleichenden Hinweisen auf Mars, Hektor, Pallas Athene dar: Inn. I:16,6. 27,28. II:28,2. Fur. 3,66. 9,79. 12,74. 17,113. 26,19,20,24,80,95. 27,62. 32,75. 36,54. 38,64. 40,85.

Alle diese Beispiele, welche nur die allerbekanntesten Eigenschaften der genannten Heroen und Götter wiederholen, waren in der mittelalterlichen Literatur nahezu die einzigen Formeln, die Helden der Romane an die Seite der hervorragendsten Vertreter des classischen Alterthums zu heben [1]). Ariosto zahlte dieser längst überwundenen Culturepoche in den angeführten Belegstellen seinen Tribut; die geringe Bedeutung dieser Ausdrucksweise tritt im Gegensatz zu den thatsächlich anschaulichen Vergleichen desselben Ursprunges noch schärfer hervor.

Anders verhält es sich da, wo die *Götter des Olymp* und *die Gestalten des Mythus als Verkörperungen*[2]) *von gewissen Begriffen* hingestellt werden. Diana und Venus als unerreichte Muster der *Schönheit* und Vollkommenheit vergleicht der Dichter mit Angelica Fur. 1,52; gleicher Weise hatte schon Bojardo die Sterne mit der Mondgöttin (-Diana-) in Parallele gesetzt Inn. I:3,69. — Wie diese Göttin dem Actäon erschien, so züchtig und schön sieht Oberto Olimpia vor sich Fur. 11,58), deren Seiten und Hüften wie von Phidias gebildet scheinen ib. 69, und die ebendort der Venus und Helena vorgezogen wird (ib. 70); dasselbe geschieht 43,23 in Bezug auf die Frau von Rinaldo's cispadanischem Wirt. Der Mädchen von Paphos, durch den Einfluss der Venus schön und liebevoll, geschieht 18,139 Erwähnung. —

---

1) Bojardo hält, wenn man seinen Worten Glauben schenken darf, jede Beziehung des Mittelalters auf das Alterthum für ein vergebliches Bemühen: der Weg nach dem Parnass hinauf ist verloren, darum fordert er den Hörer auf, mit ihm unten auf der Ebene zu bleiben Inn. II:22,1/3.

2) Infolge der in einem grossen Theile der antiken Anlehnungen kunstvoll aufgesuchten Beziehungen erfordert ihre dem Inhalte nach vollständige Wiedergabe eine über die summarische Aufzählung der vorhergehenden Vergleichsgruppe hinausgehende Darstellung.

Olimpia's Schönheit würde sämmtliche Modelle des Zeuxis ent-
behrlich machen 11,71. — Die Figuren auf den Gemälden der Cassandra
sind schöner als die des Apelles 46,84; Astolfo's Schönheit kann weder
von letzterem Maler noch von Zeuxis erreicht werden. 28,4. (In
den beiden ersten Ausgaben ist die ganz allgemeine, hyperbolische
Wendung, — dass sie überhaupt nicht durch den Pinsel
wiedergegeben werden könne — gesetzt). — In seinem eigensten
Interesse handelt Ariosto, wenn er die Gemälde Merlin's über die
Kunstwerke der Maler des Altertbums und der zeitgenös-
sischen Künstler erhebt, da jener zukünftige Ereignisse im Bilde
unnachahmlich darzustellen verstanden habe 33,12. — Besonders wirkungsvoll knüpft Ariosto an die Schönheit der sich Endymion hingebenden
Luna an in dem Augenblicke, als der Mond sein volles Licht auf den
betenden Medoro fallen lässt 18,185.

Die *Hässlichkeit* zu veranschaulichen nimmt Ariosto Zuflucht zu
Aesop-(Mohr 43,135) und zu Python-(Avarizia 26,41).

Das *Alter* ist das Nestor's Fur. 7,24, oder Hekuba's und der
Cumanerin Fur. 7,73. 19,66. (Ranke a. a. O. p. 42). Die Schätze des
Crösus und Crassus 38,2 des Tiberius 43,75. der Inder, Ery-
thräer ib. 35 und Araber 7,54. sind ebenso kunstvoll herangezogen,
als der Duft, der wie von »Indern und Sabäern« ist 7,29. (Ranke: loc.
cit. p. 42). Der Pactolus und Hermos wird den beutegierigen Ein-
dringlingen als ein passenderes Ziel denn Italien empfohlen 17,78. —
Alcina's Tisch übertrifft die Gastereien des Ninus (Ranke: loc. cit.
p. 42), der Cleopatra und selbst die Göttertafel 7,20; ihre Ge-
wänder sind wie aus der Hand der Arachne hervorgegangen
ib. 23; Das Weib von Rinaldo's unglücklichem Wirte ist in »künstlicher
Arbeit erfahren wie Pallas 43,18 (Ranke p. 42). Minerva's Gewebe
dünken Oberto ebensowenig als die Producte von Vulcan's Kunstfertigkeit würdig, die Glieder Olimpias zu bedecken 11,75.

Cillarus und Arion kommen Frontino nicht gleich 45,93 nur
die Gleichberechtigung mit dem an den Himmel versetzten Pegasus
scheint Ruggiero eine würdige Belohnung für die treuen Dienste seines
Rosses ib. 92.

Die Schläge in Vulcan's Esse können sich an Heftigkeit
mit den Streichen Orlando's und Agricane's Inn. I:16,22 oder Rinaldo's
und Sacripante's messen Fur. 2,8. Das Feuer im Ätna gleicht
der Zornesgluth Rinaldo's Inn. I:21,28. Die Flammen des Vesuvs
und des Ätnas oder des brennenden Trojas lodern nicht
so stark, als die Leidenschaft Ginevras zu Ariodante Fur. 5,18. — Wie
Herkules einst von der Omphale gefesselt wurde, so wird
Alfonso d'Este an Italien gefesselt werden Inn. II:27,55. Der gewaltige
Heros ist mit nicht so unerbittlicher Strenge von Eurystheus
zu den zwölf Arbeiten angespornt, als Bradamante ihren Geliebten zu
weiteren Heldenthaten antreibt 34,39 — Jason und die Argonauten
sind nicht minder über die männerlosen Weiber von Lemnos
erstaunt gewesen, als Ruggiero und seine Begleiterinnen über die ledigen
Frauen des in Marganorre's Territorium gelegenen Dorfes 87,36.

Sehr passend wird der eifersüchtige Clodione mit Jupiter verglichen,
der kein Auge von der verwandelten Jo abwendet 32,83.

Camillo Paleotti's Dichtungen erwecken in Bologna noch mehr Bewunderung, als einst Apollo vom Amphrysus erntete 42,88. Wie

Phoebus die bleiche Schwester (Diana) mit seinem Lichte vor Venus und Maja auszeichnet, so ziert auch die Beredsamkeit in höherem Masse als jede andere Tugend Vittoria Colonna 87,17. Wie der Schwan von Canorus seine Schwingen entfaltet und singt, so feiert der Herzog von Chartres die Tugenden seines erlauchten Vaters ib. 13. Zweimal ist Orlando mit Antäus verglichen. Die unüberwindliche Kraft des in Berührung mit dem Erdboden stehenden Riesen ähnelt der nahezu verdoppelten Stärke des Paladins, als er sich nach einem schweren Stosse von der Erde wieder aufrafft 9,77. Orlando's Kampf mit Mandricardo erinnert an den mit Antäus ringenden Herkules 23,85. Vor der finsteren Miene Orlando's müsste selbst der Kriegsgott weichen 12,74. Als der Paladin von der Raserei genesen ist, spricht er dieselben Worte, wie Silenus 39,60. — Rodomonte will unverwundbar wie Cygnus und Achilles werden 29,19. Selbst wenn ihn der Pelide zum Zweikampfe herausgefordert hätte, so würde der grimme Sarazene seinem Vasatz, Agramente beizustehen, nicht untreu geworden sein 26,95. Der den Patroklus rächende Achilles ist von demselben Zorne ergriffen wie Alfonso's Schaaren, welche ihren Führer verwundet sehen 42,2. — Ebenso wird die Unerschrockenheit Ercole's und Alfonso's in der Schlacht von Polesella auf die Kühnheit Hektor's und Aeneas' bezogen, als sie die Schiffe der Griechen anzünden wollten 36,6. — Die Wunden, welche Grifone geschlagen, klaffen, als ob sie von Hektor herrührten 18,64. Isabella in ihrer *Treue* und Francesco von Mantua in Bezug auf seine geistige *geistige Bedeutung* können sehr wohl einen Vergleich mit Penelope und Odysseus aushalten (13,60); auf die *Standhaftigkeit* der Königin von Ithaka den Freiern gegenüber wird 35,27 verwiesen. Ebendort werden als glänzende *Beispiele* für den *historisch-moralischen Werth* der Poesie, vermöge ihrer Wirkung auf die Nachwelt, Agamemnon und die Trojaner, der fromme Äneas — der aber 34,14 des Leichtsinns beschuldigt ist, — die Stärke des Achilles, der Stolz Hektor's ib. 25, denen Homer's Gesänge und Virgil's Gedicht die Unsterblichkeit gesichert haben, aufgestellt. Als Ruggiero in dem Gebiete Alcinas von allen Seiten angegriffen wird, da hätte er wohl mehr Arme als Briareus brauchen können 6,66 und als er auf dem Hippogryph in die Lüfte fährt, scheint er Ganymed 4,47. Seine leidenschaftliche Begier entschuldigt der Dichter mit der Schönheit Angelica's, die wohl die Enthaltsamkeit eines Xenokrates zum Wanken gebracht hätte 11,3. —

Die *Frauen des Epos und des Hofes zu Ferrara* sind auf dieselbe Weise mit denen des Alterthums in Beziehung gesetzt. Wenn auch der Ruhm der letzteren den Werth der ersteren weit übertrifft 26,1. 37,6 so ist der Dichter doch höflich genug, einige wenige des Preises würdig zu finden 20,1-3, ja zweien erkennt er noch höheren Werth zu, als ihn die Frauen des Alterthums besessen haben, nämlich Eleonora d'Este 13,68 und Giulia Gonzaga 46,7-8. In Isabellen's Gesicht kann Amor

---

1) An einer Stelle indess will es scheinen, als ob es in dieser Hinsicht mit der grenzenlosen Lobpreisung des Alterthums doch im Grunde gar nicht so ernst gemeint sei: der Dichter lebt der festen Überzeugung, dass auch in Zukunft hervorragende Vertreterinnen des schönen Geschlechtes den alten Ruhm Italiens hochhalten werden 48,16.

mit den Grazien wohnen 28,97; ihr Ruf soll selbst den der Lucrezia
überdauern 29,28. Harpalyce 20,1. 37,5. Sappho und Corinna
20,1. Camilla 20,1. 37,5 gelten als hohe Vorbilder. Bradamante ähnelt
ähnelt Camilla und Hippolyta 25,32. Marfisa, die Amazone par
excellence, findet natürlich in Hippolyta ihr Vorbild 27,52; ihr Kampf
mit Mandricardo gleicht dem Strauss Penthesilea's mit Achilles
26,81. Hypermnestra, als die einzigtreue unter ihren Schwestern,
tröstet den Dichter über die fast allgemeine *Sittenlosigkeit* des weiblichen
Geschlechtes 22,2. — Dido lobt er wegen ihrer Keuschheit 25,28 und
seiht Aeneas des Leichtsinns 34,14. — Als Angelica und Medoro vor der
Sonnengluth in der Grotte Schutz finden, erinnert Ariosto an den
Aufenthalt des Aeneas und der Dodo in der Höhle (19,35).
Olimpia, von Bireno verlassen, gleicht Hekuba an der Leiche Polydor's
10,34. Wenn Alcina hätte sterben können, so hätte sie gewiss die
Todesart Dido's und Cleopatra's gewählt 10,56. Fiordaligi gebärdet
sich in ihrem Schmerze wie eine Bachantin 43,158.

Selbstverständlich bietet die Schilderung von *Kämpfen* und
Schlachten oft Gelegenheit, an ähnliche in der Mythologie oder
Geschichte berichtete Vorgänge anzuküpfen, wovon schon im
Vorhergehenden einige Beispiele gegeben wurden.

Xerxes' Scharen 20,73 Hannibal's Heer Inn. II:29,2, die
Myrmidonen Fur. 31,56 veranschaulichen die Menge der Streiter; die
Schlachten am Lacus Trasumenus, an der Trabia und bei
Cannae enthalten die Kämpfe des Herzogs von Este an der Ada, Agnadello
u. s. w. im Bilde 17,4. Die Schlacht bei Pharsalus wird nur herangezogen, um rein äusserlich die schwarzen Adler der Legionen Cäsar's
und Pompejus' mit dem ähnlichen Wappen Ruggiero's und Mandricardo's
zu verbinden 30,48. Als Grifone gegen die Scharen der Damascener
steht, scheint sich das das feindlichen Ansturm aufhaltenden
Horatius Cocles zu wiederholen 18,65. Brandimarte, der den Tod für
seinen Freund und Beschützer leidet, bezieht der Dichter auf den Opfertod
des Decius Mus und Codrus 43,174. Andreas Doria wird höher als
Pompejus erhoben 15,31. Hannibal und Antäus bedeuten gegen
Rodomonte nichts 18,24. Marfisa will mit ihrem Schwerte alle Verwicklungen lösen, wie Alexander einst den gordischen Knoten
19,74. —

Der *Neid* dieses grossen Helden um den Ruhm des Achilles durch
Homers Dichtungen würde noch wachsen, wenn er jetzt Francesco di
Pescara von seinem Weib, Vittoria Colonna, der neuen Artemisia,
verherrlicht sähe 37,20. In gleicher Weise wird auch der Stolz Mantua's
auf seinen grössten Sohn, Virgil, vor dem Ruf der Elisabetta und
Leonora Gonzaga verblassen 42,86. Gegen diesen Dichter war Augustus
nicht so gerecht, als Hippolyt von Este gegen die Poeten seiner Zeit
'8,56 eine abgeschmackte Schmeichelei, da Ariosto am wenigsten von
der Gerechtigkeit seines Gönners rühmen konnte. In den beiden folgenden
Ausgaben hat der Dichter ein erfreulicheres Wortspiel substituiert: Wie
der Cardinal sich eines Marone (der auch 46,13 genannt ist) rühmen
kann, so gereicht einem anderen Zeitalter Augustus zur Zierde 3,56.
Unter den Estensern bricht das goldene Zeitalter wieder an 3,18; die
unerschütterliche Liebe des Fürsten Alfonso und des Cardinals, welche
an die der beiden Dioskuren erinnert ib. 50, ist sicherer, als wenn

Vulcan mit einer doppelten eisernen Mauer das Volk schützen wollte
ib. 51. — Augustus wird Karl V. an die Seite gestellt 15,24 unter
dessen Regiment Astrân auf die Erde zurückkehren wird ib. 25. Ausser
ihm 34,26, gilt Cäsar als das Ideal eines Herrschers 35,23; dagegen wird
Nero's Grausamkeit als abschreckendes Beispiel hingestellt 34,26 die
indess von Marganorre noch übertroffen wird 37,43. — Um Ginevra di Malatesta
gebührlich zu preisen, weist der Dichter auf ihre hohen Tugenden hin,
welche sogar Cäsar in die Schranken des dem Staate pflichtigen Gehorsams
verwiesen hätten 46,6. Der Succurs Hippolyt's zum Nachtheil der Franzosen,
wird dem raschen Siege Cäsar's über Pharnaces gleichgesetzt ib. 96,
nachdem ib. 95 Alfonso mit dem Beinamen Cicero's ausgezeichnet
war. — Zu den kürzeren Vergleichen gehören folgende: Medea,
Progne-Chiesa Fur. 3,52 (crudelà). — Moles Hadriani-Denkmal
Isabella's 29,33. — Sette miracoli del mondo-Paradiso terrestre
34,53. — Nectar und Manna-Wein Fur. 29,22. — Phoebus-Alfons
XII. Inn. II:27,58. — Victoria-Alfons XI. Inn. II:27,56. —

Die Mehrzahl der angeführten Belegstellen beschränkt sich nicht auf
eine mythologische oder historische Anknüpfung, sondern sucht noch
weitere, je entlegenere, desto künstlichere und gezwungenere Beziehungen
auf. Es scheint, als ob Ariosto in derartigen Anlehnungen sich nicht
genug thun könne, wobei dann auch, und zwar nicht als Nebenzweck,
die Absicht offenbar wird, als ob er damit die Ebenbürtigkeit des Stoffes
des Orlando Fur. mit den Stoffen der antiken Tradition habe darthun
wollen und auch wirklich dargethan habe. — Man kann sich dieser Auffassung um so weniger verschliessen, sobald man diejenigen Beispiele näher
ins Auge fasst, welche durch einen auffallenden Reichthum an derartigen
Bezugnahmen überraschen. Schon Ranke[1]) zeigt die mit möglichst
detaillierten Vergleichungen überladenste Paralleleals ein charakteristisches
Beispiel für Ariosto's Stil auf.

Nireus' Schönheit, Achilles' Stärke, Odysseus' Schlau-
heit, Ladas' Schnelligkeit, Nestor's Klugheit, Cäsar's Güte
und Freigebigkeit reichen nicht an die Vortrefflichkeit des Alfonso
d'Avalos heran. Creta, die Geburtsstätte Jupiter's, Theben,
die Vaterstadt des Bacchus und Herkules, Delos, die
Heimat Apollo's und Diana's alles wird gegen Ischia zurückstehen,
wenn dort der Marchese geboren sein wird Fur. 33,28-29. — Corcyra,
Capri, Cypern, Cnidos, die Hesperiden kommen Belveder,
einer dem Herzog von Ferrara gehörenden Po-Insel, nicht gleich 43,57-8. —
Phyllis, Neära, Amaryllis und Galatea, Heldinnen Virgilischer Eklogen, stehen gegen Angelica an Schönheit zurück 11,12.
Die Leichtgläubigkeit der Frauen wie die Gewissenlosigkeit ihrer Ver-
führer wird an Ariadne, Hypsipile, Medea, Dido bewiesen 34,14,
die Waffentüchtigkeit des Weibes veranschaulichen Harpalyce,
Tomyris, Camilla, Penthesilea, Dido, Zenobia, Semiramis
37,5 (cf. p. 72). Myrrha's Pasiphaë's und Semiramis' Begier malt
der erregten Fiordespina die Unerfüllbarkeit ihres Verlangens nur noch
qualvoller aus 25,36. — Den Preis, welchen Paris für den Besitz
der Helena oder Pirithous für seinen Verrath an Proserpina
zahlen musste, soll noch von dem übertroffen werden, welchen Bradamante's Herzleid ihren Angehörigen kosten soll 44,56. Die Kämpfe
Cäsar's, Augustus' und Antonius' um Rom werden von den Thaten

---

1) l. c. p. 42.

Andreas Doria's um Genua in den Schatten gestellt 15,38. Das Geschick Cäsar's Pompejus', Antonius', Brutus', die sich an dem römischen Staat vergriffen, beweist, dass gerade die Undankbarkeit die Triebfeder unlauterer Handlungen ist '35,5 darum soll auch Ferrara nicht zu grosses Vertrauen auf das Bündniss mit den Venetianern und dem Papste setzen! Franz I. schmeichelt der Dichter, indem er ihm die Grossmuth Cäsar's, die Klugheit Hannibal's, das Glück Alexander's als kaiserliche Attribute beilegt 26,47. — Während Crösus, Polycrates, Dionysius (45,1), Hannibal, Jugurtha 40,41 und Pompejus 40,47 die Wandelbarkeit des Glückes im ungünstigen Sinne beweisen, geben Servius Tullius, Marius und Ventidius Beispiele für das Gegentheil ab 45,2. —

Ganz abgeschmackt ist die Bezugnahme auf das klassische Alterthum, wenn Bradamante die Abwesenheit Ruggiero's so unendlich lange dünkt' dass sie glaubt, Ethos und Piroos seien lahm geworden oder das Rad am Sonnenwagen sei gebrochen; die Nacht in der Herkules gezeugt wurde, könne nicht so lange angehalten haben 32,11. Als Karl's Soldaten in der Seine elendiglich ertrinken, wünschen sie sich Flügel gleich Icarus 27,32.

Dergleichen Verirrungen dürfen dem Genius eines Ariosto indessen nicht als unverzeihliche Vergehen gegen den jetzt geltenden Codex der Stilistik angerechnet werden. Sie können in unseren Augen nur als Beweismittel dafür angesehen werden, wie mächtig die Strömung der humanistisch-klassischen Studien war, dass selbst die erlauchtesten Geister von ihr mit fortgerissen wurden, ohne ihr auch nur einen leisen Widerstand entgegenzusetzen. — Gleichwohl zeigen sich beide Dichter emsig bemüht, um auch unter so schwierigen Verhältnissen ihrer Aufgabe als malerische Schilderer in so weit gerecht zu werden, als sie einen mythischen Vorgang zu einem wirklichen *Gleichniss* nach Kräften umzugestalten suchen.

Bojardo bietet die reizende Verbindung seiner recitatorischen Thätigkeit am Hofe zu Ferrara mit dem die Fische mit seiner Leier anlockenden Arion Inn. II:27,1-2.

Die Betroffenheit des Aegeus über den auf Medea's Anstiften seinem eigenen Sohne dargereichten Giftbecher und die nachfolgende Wiedererkennung des Theseus ist auf Marfisa's unverhofftes Wiedersehen mit Ruggiero bezogen 46,59. Wie Erichthonius seine häslichen Schlangenfüsse vor Aglauros verbarg, so bedecken die drei von Marganorre geplünderten Damen ihre Blösse 37,27. Als das gelungenste und am besten ausgeführte Bild muss das von der ihre Tochter suchenden Ceres gelten, welches herbeigezogen ist, um Orlando's Forschen nach Angelica möglichst treffend zu veranschaulichen Fur. 12,1-4. Als Seitenstück verdient die Allegorie 34,1-3 Erwähnung: die Harpyen, welche Italien verwüsten, sind von keinem Calais oder Zetes vertrieben. — Als weitere Belege, welche die Anschaulichkeit der eben angeführten Gleichnisse nahezu erreichen, seien Fur. 10,34. 18,185 (11,58. 19,35) erwähnt.

Der Sitte des Alterthums, den S i e g e r mit einem K r a n z e zu e h r e n, gedenkt Rinaldo, um seine Truppen unter Hinweis auf einen ungleich höheren Lohn zu heldenhafter Tapferkeit zu begeistern 16,86.

Der Humor hat sich indess gleichfalls des antiken Stoffes bemeistert; der gemessene Ernst und die ruhige Würde ist in den bezüglichen Anführungen der ausgelassenen Schalkhaftigkeit gewichen; schon die Umstände und die Art der Heranziehung drücken den bezüglichen Stellen den Stempel munterer Laune auf. — Der feige Martano könnte sein Misgeschick (im Kampfe gegen Grifone) wohl einem flüchtigen Pferde beimessen, indessen hätte ihn selbst ein D e m o s t h e n e s nicht wegen seines Unglückes mit dem Schwerte von Schuld freisprechen können. Fur. 17,90. — Die auf sofortigen Austrag ihrer Feindseligkeiten bestehenden Ritter Agramante's sind in derartige Verwicklungen gerathen, dass sie selbst A p o l l o nicht lösen könnte. 27,102.

Leider müssen wir es uns hier versagen, auf die tieferen Beziehungen zwischen Vergleichendem und Verglichenem einerseits und zu den weiter oben erwähnten Vergleichsstoffen der sinnlichen Wahrnehmung andrerseits einzugehen. Aus der Darstellung geht hervor, dass, gemäss den bei der Scheidung der letzteren in bestimmte Kategorieen beobachteten Merkmalen, auch hier die Beziehungen zu trennen sind. Die meisten Beispiele enthalten Einzelhinweise auf allbekannte Thatsachen oder Charaktereigenschaften, andere suchen, den jetzt giltigen Gesetzen der Ästhetik zum Trotz, zwischen durchaus verschiedenartigen Dingen Ähnlichkeiten zu construiren. Überall aber fühlt man eine gewisse Gewaltsamkeit mehr oder weniger deutlich heraus. — Am besten klärt über die dem Zwecke nach völlige Identität der Beziehungsmittel, über den untrennbaren Zusammenhang der klassischen Anlehnung mit der einfachen Anknüpfung, der Hinweis auf einige entsprechende Stellen auf.

Als Brandimarte mit Rodomonte in den Fluss fällt, entsteht ein Getös, ähnlich dem, welches durch den S t u r z Phaëthon's in den P o verursacht wurde 31,70. zu vgl. 14,130. 46,186 Inn. II:14,48. III:8,39. Eine ähnliche Übereinstimmung besteht zwichen Fur. 82,17, den Klagen, welche die s c h l a n g e n h a a r i g e n Furien gerührt hätten (cf. 10,56) und nachfolgenden Stellen hyperbolischen Sinnes, welche den geläufigeren Ausdruck aufweisen: Fur. 17,101. 18,186. 36,5. Inn. I:16,61. 28,25. 29,1. II:27,4 u. a. — Der dritte Fall spricht noch deutlicher die grundsätzliche Verschiedenheit in der Art der Darstellung bei beiden Dichter aus: Die u n z ä h l b a r e n B l u m e n und R o s e n (Inn. II:8,19) genügen Ariosto

nicht, wenn anders er ihr Vorhandensein nicht der Thätigkeit des
Favonius und der Flora zuschreiben kann Fur. 31,85. —

Fast möchte man annehmen, dass in dem letzten Beispiel
der jüngere Dichter den älteren in die Virgilische Schreibweise
übersetzt habe. Nicht aber bloss in den obenangeführten
Stellen, sondern überhaupt muss daher Ariosto vorgeworfen
werden, dass er nach einer antiken Analogie oft mühsam suche,
ja sie bisweilen an den Haaren herbeiziehe. — Der Graf von
Scandiano steuert nur ein Scherflein bei, das zwar gegen den
Reichthum seines Nachfolgers kaum in Betracht kommt,
immerhin aber die Bedeutung hat, dass das frühere Gedicht
auch hier die Andeutung der Hauptrichtung des späteren enthält. — Es ist wohl nicht zu viel gesagt, wenn man behauptet,
dass der überwiegenden Mehrzahl der klassischen Anlehnungen
ein hyperbolischer Zug anhaftet; denn der zum Vergleich
herangezogene Gegenstand vertritt gemeiniglich die denkbar
höchste Potenz der durch ihn veranschaulichten Beziehung;
und zwar leistet der angezogene Gegenstand für jeden einzelnen
Fall dasselbe. Hierdurch mag denn vielleicht die Thatsache
ihre Erklärung finden, dass die allgemeinste Form des hyperbolischen Vergleiches im Fur. seltener angewandt ist, als im
Inn. Nichts desto weniger behält die natürliche Beziehungsweise
auch für den Furioso ihr Recht vor der künstlichen Anknüpfung
an solche weit entlegenen Dinge. — Wollte man den Quellen
nachspüren, welchen der gelehrte Verfasser des Furioso diesen
fremden Schmuck entlehnte, so könnte höchstens seine mythologische Kenntnis auf diese Art nachgewiesen werden, dagegen
entziehen sich die historischen Anknüpfungen einer lohnenden
Nachforschung. Nur so viel lässt sich von vornherein mit Ge-
wissheit behaupten, dass Ovid und Virgil ziemlich ausgiebig zu
diesem Zwecke benutzt sind. Eine beträchtliche Anzahl dieser
bildlichen Bezugnahmen erweist sich auf den ersten Blick als
unverkennbare Reminiscenzen der in den Metamorphosen, in der
Aeneis und den Eklogen geschilderten Episoden. —

Diese Bezugnahme auf das Alterthum wird sich selbstverständlich nicht allein auf dem Gebiet der getrennten Vergleichung

bewegen, vielmehr auch zur innigeren Verbindung von Bild und Gegenstand fortschreiten nämlich zur:

Allusion.

Alexander, Caesar, Scipio-Ruggiero Fur. 7,59. — Atys und Adonis-Ruggiero ib. 57. — Augustus-Karl d. Grosse 38,12. — Cäsar und Petrus-Kaiser und Papst 43,178. — Cesarei editti [1]) - kaiserliche Edicte (Karl's V.) 15,27. — Érouleo aspetto-Orlando's Antlitz 9,56. — Ettore nuovo-combattente 26,19. — Ganymed-Günstling 34,78. — Linus und Orpheus-Antonio Tebaldeo und Ercole Strozza 42,83. — Mars-Ruggiero 26,20,80, Brandimarte 38,55. — Marte Africano-Rodomonte 16,19. — Saracino Marte-Gradasso 41,68. — Figlio di Marte-Rinaldo 16,45. — Popolo di Marte-Soldaten 17,72 (cf. città di Marte-Rom 36,71). — Medea-donna Alessandrina 20,42. — Meonia tromba-Homer 37,20. - Nettareo succo-vaghezza 25,31. - Orestes-Argeo 21,57. — Philomele-Nachtigall 10,113. — Progna crudele, Medea-Gabrina 21,56. — Tydeus-Azzo d'Este(?) III,42. — (Saturno, Giove, Venere e Marte e gli altri erranti Divi-Sterne 33,6. — Mille Atene e Mille Rome 37,113. (cf. 35,53 p. 70). — Thyestes, Tantalus, Atreus, Lästrygone, Anthropophagos-uomo crudele 36,8-9 [2]).

Die Argonautensage erhält in den Entdeckungsreisen der Portugiesen Gestalt und Leben, 15,21. Vittoria Colonna, die ihrem verstorbenen Gemahl in ihren Liedern ein unvergängliches Denkmal setzt, wird eine zweite Artemisia genannt 37,18. — Demnach konnte der Schüler der Alten den Erbauer des Palastes in dem irdischen Paradise sehr wohl dedalo architetto [3]) nennen 34,53.

Eine ähnliche Beziehung, wie bei dem Vergleiche obwaltete ist nun auch bei der Allusion in Hinsicht des Stoffes zu constatieren.

Wenn Ariosto Fur. 7,14.14,107 von »Argusaugen« spricht, so gebraucht er 28,72: »Se più che crini uvesse occhi il marito« eine analoge Hyperbel, wozu noch Inn. I:21,68: »E s'egli avesse un ochio in ciascun dito« zu vergleichen ist. — Die Allusion: Che' n te il furor sia del Teban Creonte Fur. 19,12 wirkt in Anbetracht des Zusammenhanges

---

1) Wenn die complicierteren Ausdrücke im Originaltexte gegeben, die einfachen dagegen verdeutscht werden, so geschieht es um den Sinn des Originals nicht durch eine Übertragung zu stören.

2) cf. Ranke: a. u. O. p. 42.

3) In diesem Falle ist dedalo allerdings Adjectiv und bedeutet gleich dem griechischen »δαίδαλος« »geschickt, erfinderisch«. Dieselbe Bedeutung ist dem Ausdruck »dedala mano« Gerus. lib. 12,94 beizulegen. Aber so ungewöhnlich der adnominale Gebrauch dieser Form neben der gewöhnlicheren »dedaleo« scheint, so kann man doch nicht umhin, eine Anknüpfung mit dem bekannten Erbauer des Labyrinthes zu suchen.

auffällig. Nach P. Rajna[1]) hat Ariost an der betreffenden Stelle die Thebais des Statius benutzt. Wiewohl zwar dieser Vers weder dem Wortlaute, noch dem Inhalte nach in der eigentlichen Vorlage wiederkehrt, so enthält er doch eine deutliche Anspielung auf die Quelle, nicht auf Theb. 10,382 ff., sondern auf 12,177, die Scene der Antigone und Argia.

Bojardo bleibt hier vollends zurück; der einzige Beleg: E per valore un altro Ettore ti chiamo Inn. II:28,2, ist so allgemein, dass die blosse Erwähnung genügt, ihn jener Gruppe von Formeln einzureihen, welcher die in stilistischer Hinsicht verwandten Vergleiche p. 70 angehörten.

Kühner sind die Ausdrücke, welche, eine Art *metonymischer* Darstellung, den *Gott* statt seines *symbolischen Attributs* setzen.

Mars bedeutet danach *Kampf* Fur. 3,45 was in dem adj. marsiale nachklingt, marsiale agone 17,86. 40,62, marsiale steccato '25,50. — Im Gegensatz dazu vertritt Apollo die *Dichtkunst* 37,12, mit Mars verbunden, ist der friedliche Ausgleich zwischen *Gesang* und *Waffen* 26,50. 40,3,17 gemeint. Die Musen nehmen selbstverständlich die bekannte Bedeutung an: 37,8. 46,4; als Äquivalent ist Cirrha 35,24 angewandt[2]). Pallas steht in dem Sinn von *Wissenschaft* 42,89. — Phoebus als Sonnengott ward andrerseits mit der *Sonne* identificiert 25,96. 43,13. 45,20, infolge dessen vertritt er auch bisweilen den Begriff »Tag« 10,60. — »Lethe« nimmt die Bedeutung *Träumerei* an 34,3, 35,23. Ein *weinreiches* und *fruchtbares* Landgut ist von Ceres und Bakchus geliebt (diletta da Bacco e Cerere ³28,92, stattdessen ¹·³26,92 da Bacco e Pallade[3]) diletta bietet. — Ein eigentümliches Bild begegnet 13,60, als Melissa sagt, sie werde Typhis bald überholen, wenn sie auf dem Meer der ihr von Merlin geoffenbarten zukünftigen Ereignisse die Segel löse[4]).

Einem so gelehrten Poeten konnte es natürlich nicht fehlen, dass er in dem Sinne des Alterthums die einfachsten Begriffe wie die complicierteren Vorstellungen umschrieb. Die reichste Anregung wurde ihm von den Dingen zu Theil, die theils in Vorstellungen der Alten wurzelnd schon von letzteren paraphrasiert waren, theils auf den sagenhaften Überlieferungen des Mittelalters fussend sich erst die Antike angeeignet hatten. Von Örtlichkeiten, welche auf diese Weise ausgezeichnet werden, sind zu erwähnen: Ferrara 43,32 (cf. 3,51), Ischia 16,23 26,52. 33,24. Mauretanien 28,54. 42,90, Neapel 33,56, Padua 41,63, Persien 42,90, Po ib. 92 (cf. 31,70), Rovigo 3,41, Sicilien 6,19. 40,44, Theben 43,11. Trapani ib. 49, die afrikanische Wüste 33,43. — Pars pro toto ist Afrika durch Cyrenäa bezeichnet 16,79. Sogar Personennamen des Alterthums sind mit weitläufigen Umschreibungen bedacht: Virgil 11,12. 37,12, Lucretia 29,28, Venus 32,18. (42,93), die Sparten des Cadmus 43,74 (cf. ib. 11). — Der Pegasus 45,92, der Adler 6,18. 26,100. 30,48, der Widder 11,82 sind ebenfalls periphrastisch benannt.

---

1) Le Fonti dell' Orl. Fur. p. 217.

2) Schon Dante kennt diese Bedeutung von Cirra: Paradiso 1,36.

3) In diesem Falle ist an den »Ölbaum« als das hier passende Symbol der Göttin zu denken.

4) Diese metaphorische Verbindung wird durch die völlig identische Wendung ib. 73 erklärt.

Die Kaiserkrone ist in derselben Weise umschrieben 15,26, als vorher ihr Träger
das Cäsarenthum wieder belebt hatte ib. 24. Die Umschreibungen von Meer
10,70, Monat 17,68, und Wein 41,2 verrathen die Anlehnung an classische
Vorbilder deutlich. Das Lob gelungenster Originalität verdient die Um-
nennung des Glückes 46,85. — Die Farbe der Rose von Pästum leiht
der zornigen Erregung einen zu künstlichen Ausdruck 37,28, natürlicher
stand vorher fuoco an ihrer Statt (cf. p. 55). — Ulpian vertritt die
Rechtslehre 43,72, das Plectrum (gleich Phoebus) die Poesie, wozu
Bojardo das zugehörige citera Inn. III:9,2 bietet, Fur. 30,16. 42,92. —
Dem Füllborn der Abundantia 42,80 (cf. 25,80) steht das Gefäss des
Epimetheus gegenüber 135,1. Mit den Alten betrachtet Ariosto den
Tod als eine Folge der Thätigkeit der Parzen (11,56). 14,68. 18,125.
35,21. 37,19. 43,85, was Wunders, wenn er an eine Unterwelt glaubt
24,61 oder einen Teufel zu einem Engel (Boten) des Minos macht
26,129.

Daran, dass diese Umschreibungen mehr künstlich als
künstlerisch wirken, wird erkannt, wie der Dichter doch nicht
ganz die gefährliche Klippe mied, an der schwächere Talente
gescheitert waren. Der Nachbahmung der alten Schriftsteller
opferte er zum Nachtheil der Gesammtwirkung die Natürlichkeit
des Ausdrucks. Bojardo's Humor ist durch dergleichen nicht
beeinträchtigt.

Eine reichere, vielgestaltige Vorstellungswelt bot sich dem
empfänglichen Poeten in den Anschauungen der Alten von dem
Wechsel der Tageszeichen; jene oben erwähnte metonymische
Form hat mit dieser figürlichen Darstellung nichts gemein.

Den Aufgang der Sonne schildert er nicht als blossen Natur-
vorgang, sondern er malt aus, wie die Sonne oder das Morgenroth
aus dem Heim des Tithonus hervorgeht 8,86. 11,32. 13,43. 17,129.
30,41. 34,61. 38,76 oder wie Aurora den Reif von den goldenen
Rädern des Sonnenwagens streift 10,20. Die Sonnenpferde,
welche Phoebus aus dem Meere zieht 12,68. 15,86 (32,11), die
Sonne, die ihr Gesicht aus dem Ocean hebt Inn. I:27,54. III:2,1.
Fur. 17,129. (19,106). 25,44. 32,13. 43,54 sind werthvolle Entlehnungen,
welche zur Belebung der Erzählung wohl beitragen. Aurora streut
Blumen über die Landschaften des Ostens 25,93. 32,13. 43,54, die
Sonne lüftet den Schleier über der Erde 20,82, die Nacht kehrt
in die kymmerischen Grotten zurück 45,102 — alle diese Ausmalungen
galten Ariosto mehr als die schlichte, natürliche Schilderung; nicht als
ob es ihm hierzu an Fähigkeit und unverfälschter, aus eigenster Erfahrung
geschöpfter Anschauung gebrochen hätte — denn 23,52. 33,65 können nur
aus einer aufmerksamen Naturbeobachtung erklärt werden — sondern weil
er die Nachbahmung der Alten höher schätzte. — Die Nacht steigt
herauf und schwärzt den Himmel nach Bojardo's Auffassung Inn.
I:1,59, ähnlich Fur. 2,54; in Übereinstimmung mit den Bildern des Tages,
birgt sich nachts die Sonne im Meere 31,49. 32,63. 37,34. 45,78,82
oder sie steigt von dem Wagen des Helios 43,41; an dessen Stelle,
als blosse Modification, der Sternenwagen der Nacht tritt 31,94.

Überall sind die Alten Muster, schlechthin der Nacheiferung würdig; die Ereignisse werden mit ihren Augen gesehn, ihre Sprache ist die Norm für den Stil des Cinquecento. Was ist erklärlicher, als dass das *Mittelalter* mit seinen Stoffen ganz vergessen wurde! Bojardo legt zwar gern seine ritterliche Vorliebe für die Idealwelt dieser Periode an den Tag, aber nur selten kommt dies Gefühl unmittelbar zum Ausdruck. Als Rinaldo und Orlando nimmer im Kampfe ermatten, hält der Dichter ihnen Tristan und Galasso entgegen, die von solcher Anstrengung wohl ermüden würden Inn. I:27,29. Iroldo wird von Tisbina geliebt, wie Tristan von Isolde ib. 12,5. Das Mittelalter, die Zeit höfischer Courtoisie und edler Ritterspiele, gleicht dem Frühling II:1,2; der Hof Arthur's gilt als die höchste ritterliche Instanz II:18,1 und von allen Helden werden Tristan und Lanzelot, von den Frauen Isolde und Ginevra unvergessen bleiben 8,2. — Was bietet der spätere Poet? Rodomonte nennt er »quel fier senza pietà nuovo Breusse« Fur. 29,30; sonst erinnert er sich nur der Mittelzeit, um ihre Gebräuche und Anschauungen ins Lächerliche zu ziehn. Der Dichter entschuldigt wohl sein eigenes Ungestüm und aufbrausendes Wesen mit der Raserei Orlando's 30,4, die Botin der Königin von Island giebt den 3 von Bradamante überwundenen Helden die Stärke der beiden ersten Paladine zu bedenken 33,72, Ruggiero's Schläge mit Falerina's Schwerte rufen die Heldenthaten Orlando's mit derselben Waffe wach 25,16 — das sind indess rein textliche Beziehungen, die mit Inn. II:7,49 keinen Vergleich aushalten, da hier eine äusserliche Nöthigung nicht vorlag, vielmehr würde gerade an dieser Stelle der Schüler der Alten den Olymp oder die Gestalten des antiken Mythus herbeigezogen haben, wo die einfachen Allusionen Orlando und Carlo Mano nicht nur natürlicher sind, sondern auch eine höhere poetische Bedeutung vertreten.

Nach gewonnenem Überblick des Stoffes wird die Frage erlaubt sein: was hat der Dichter mit der Verflechtung der

Antike beabsichtigt, und was hat er erreicht? Die ausgeprägten Charaktere der alten Mythologie mussten einer bildlichen Verwendung sich insofern günstig erweisen, als sie zu diesem Zwecke auf Personen des Gedichtes bezogen, dem Zweck der Erläuterung völlig entsprachen. Die Ähnlichkeit von Thatsachen konnte, massvoll ausgenutzt, sehr gut da nützen, wo ihre Anknüpfung keine Schwierigkeiten bot, aber im Überfluss und gewaltsam hervorgesucht musste sie das Gegentheil bewirken [1]). Unbestritten gilt nun als ein wesentliches culturhistorisches Moment, dass jene Zeit mit ihrer Kenntnis des Alterthums überall prunkte, wo es nur thunlich schien. So kam ihr denn die Vergleichung sehr gut zu statten. Hatte man schon früher aus den alten Schriftstellern, insonderheit aus Virgil und Ovid, die Zweckmässigkeit ausgeführter Bilder erkannt, so ward man sich der Wirksamkeit dieses Darstellungsmittels nunmehr noch deutlicher bewusst und nahm weiterhin keinen Anstand, zu demselbem Zwecke mythologische Begebenheiten und geschichtliche Ereignisse auszubeuten. Welch ein Unterschied des Ariosto gegen den Vorgänger, der nur den Lärm in der Esse Vulkan's, das Heer Xerxes' und Hannibal's, Hercules' Liebe zur Omphale und den die Fische herbeilockenden Arion zu einer figürlichen Ausschmückung gewählt hatte! Wie ungezwungen und ungesucht nehmen sich diese spärlich zerstreuten Anknüpfungen aus! Gerade im Gegensatz zu der bunten Mannigfaltigkeit gelehrten Schwulstes im Fur. wirkt ihre bescheidene Anzahl und noch mehr die anmuthige Behandlung ungemein wohlthuend. Sie spielen, abgerechnet die trivialen Formeln mittelalterlichen Stiles, eine um so bedeutendere Rolle, je kunstloser, je natürlicher die Beziehungen zu der eigentlichen Handlung sich erweisen. Man vergleiche einmal in dieser

---

1) In der zweiten Hälfte des Gedichtes beginnen die antiken Anlehnungen an Zahl und Künstlichkeit bedeutend zu wachsen. Die gegen das Vorhergehende schwächere Handlung, wird durch meist erst in der letzten Ausgabe eingeschobene Episoden und erweiterte Einzelscenen in die Länge gezogen, wozu sich vergleichende Bezugnahmen, wie die obigen, trefflich eignen.

Hinsicht beide Gedichte! Aber ein noch wesentlicherer Umstand
entscheidet zu Gunsten der Belege des Innamorato: Bojardo's
selbständige Stellung zum Alterthum. Schon Ranke[1] hat auf
die durchaus eigenartige Behandlung classischer Mythen seitens
Bojardo's hingewiesen, welche Hand in Hand mit der im Inn.
geoffenbarten dichterischen Individualität geht. So romantisch die
Episoden von der Sphinx (Inn. I.5.57–75), Circe (ib.50–52; 9.64–10.7;
14.38–47), dem Sparten des Cadmus (21.47–57), von Narciss
(II:17.49–55) bearbeitet sind, in demselben Geiste sind auch die antiken Anlehnungen ausgeführt. Wie der Dichter in den mythischen
Vorstellungen näher dem Mittelalter als dem Rinascimento
verwandt ist, ebenso ist er auch bemüht, den bei seinem Nachfolger scharf hervortretenden Contrast zwischen dem Stoff des
kärlingischen Sagenkreises und der Cultur seiner Zeit auszusöhnen.
Daher wird man unbedenklich seinen klassisch-mittelalterlichen
Vergleichungen den Vorzug einräumen. Auch in numerischer
Hinsicht waltet das schönste Ebenmass zwischen den Belegen
aus der alten Mythologie und den mittelalterlichen Sagenkreisen
ob: abgerechnet die stereotypen Formeln einer verschwin-
denden Cultur, ist das erstere Gebiet durch sieben, das letztere
durch fünf Belege vertreten, während der Fur. eigentlich nur
ein Beispiel aus der späteren mittelalterlichen Literatur im
Gegensatz zu der beständig abwechselnden Fülle der antiken Reminiscenzen bietet. Ariosto dient eben jedes und alles Antike
nur als ein Darstellungsmittel. Und gerade da bringt er es
zumeist an, wo Bojardo auf einfacherem Wege. dasselbe Ziel
erreicht hätte: (cf. p. 64). Welche Tendenz indess diese
Anlehnungen anzunehmen leicht geneigt sind, geht aus Fur.
'35,5 hervor. Nachdem im allgemeinen die Unbeständigkeit
der Menschen getadelt war, die bald vom eigenen Willen
angetrieben, bald aus Rücksicht gegen andere handeln und
dadurch alle Bande des Bluts zerreissen, fährt der Dichter,
sich zum Besondern wendend, fort:

---

1) l. c. p. 35 vgl. auch P. Rajna: Op. cit. p. 25.

Lascio li *antiqui esempli* di soldati
Di Cesar, di Pompeo, d'Antonio e Bruto,
Ch'à lor patria, a lor sangue eran ingrati,
Dando a'lor capi in le mal opre aiuto.

Was heisst das anders, als dass die einschlägigen Vergleichungen schliesslich nur den Werth einer moralisch-didak-
tischen Beispielsammlung besitzen! Wie nun in den Häufungen
von Vergleichungen (p. 74/5) dieselbe Tendenz verfolgt wird,
so geschieht es ausschliesslich in den Proömien der einzelnen
Gesänge: Fur. 17,4. 22,2. 26,9. 36,6,8/9. 37,5,6,13,17,18/20.
33,1/3. 38,2. 42,2. 45,1/2,4 — es sind die einzelnen Personen
Vertreter gewisser sittlicher Grundsätze geworden, sie verkörpern
irgend eine Maxime der Moral. Dazu kommt noch, dass Vergleiche dieser Art zumeist das Pathos einer Rede erhöhen sollen,
um die im rhetorischen Eifer gemachten Äusserungen durch
Facta zu belegen; so in 25,36/7. 26,47. 33,28/9. 34,39,14. 35,25/7.
43,23,174. 44,56. 46,6. — Einzelne klassische Entlehnungen
scheinen dagegen geradezu unersetzlich vermöge ihres dem
Zwecke völlig entsprechenden Inhaltes wie z. B. 9,17. 12,1/4.
18,185. 32,83. 37,27. 46,59.

Wenn Ariosto den echtesten mittelalterlichen Stoff nach
dem Vorbilde der Klassiker behandelt, das Mittelalter in das
Alterthum zurückübersetzt, so übersetzt Bojardo das Alterthum
in das Mittelalter. Ihm ist der Gegenstand selbst und allein
Hauptsache, die Form fügt sich dem Inhalt, ohne Rücksicht-
nahme auf die Anschauungen und Kunstgesetze einer entlegenen
Culturepoche..

Obgleich nun Ariosto sich selbst damit schmeichelte und
seine Zeitgenossen des Lobes nicht müde wurden, dass er das
Alterthum so auszubeuten verstanden habe, so bleiben die
eigentlichen Gleichnisse doch sein höherer Ruhm. Denn nur
diese konnten einer gehobenen bildlichen Darstellung Genüge
thun. Hier, wo wirkliche Handlungen mit ähnlichen Vorgängen
in ergänzenden Zusammenhang gebracht werden, erreicht der
Dichter durch Hinzunahme der Antike dasselbe, welches ihm
anderswo auf dem Wege der Naturschilderung in noch höherem

Grade gelungen ist. Durch die übrigen Beispiele geht nur der Zug einer gründlichen Kenntnis der alten Mythen und Geschichte. Den Zweck der Veranschaulichung vernichtet aber die ungerechtfertigte Häufung der Einzelvergleiche, so dass dem modernen Leser nur der Eindruck einer Menge überflüssiger Reminiscenzen bleibt, welche den Dichter nur als den vorzüglichsten Vertreter des Humanismus charakterisieren.

Mit dieser ansehnlichen Gruppe kann eine andere, minder zahlreiche die innere Verwandtschaft nicht verleugnen. — Gleich den vorangegangenen Stoffen treten auch in den biblischen Anlehnungen Individuen geschlossenen Wesens, wirkliche Charatere auf. Dazu spielen die Allusionen von bekannten Bibelstellen eine wichtige Rolle, und es ist dabei interessant zu beobachten, welche Stellung sie zur Antike einnehmen. Wiederum frappiert Ariosto durch eine erstaunliche Fülle gegen den Vorgänger.

Im Innamorato findet sich ausser dem allgemeinsten Hinweis, welcher neben Hercules, Hektor und Achill Simson nennt Inn. I:16,6. 27,28 — die herkömmliche Formel mittelalterlichen Stiles, wie auch die Verbindung Rodomonte's mit Nimrod (II:14,34) dahin gehört — nur zweimal ein ausgeführter Vergleich: unter den hässlich schwarzen Schaaren Agramante's stellt sich Bojardo die Höllengeister vor II:29,21; Rodomonte bereitet einen Schrecken unter den Christen, wie ihn Lucifer oder Satanas nicht grösser verursachen können III:3,27. — Sonst ist wohl von Höllenqualen Inn. I:12,79, Höllenscharen I:15,4, Dämonen (Teufel) 16,32. II:15,3, 26,5 die Rede aber über diesen engbegrenzten Kreis geht die Verwendung religiösen Wissens aber nicht hinaus.

Wie nun bei dem jüngeren Dichter eine ganz andere, fast ausschliesslich subjective Auffassung den Vergleichen mitgetheilt ist, wie hier eine wirkliche Bekanntschaft der Quellen und damit nicht mehr die allgemeine Kenntnis, das leere Nachreden des Überlieferten stattfindet, vielmehr der ganze Austausch neuer Anregungen und Ideen eine feste Gestalt gewinnt, das wird in fast sämmtlichen Beispielen aus dem Fur. offenbar. Auch hier fordert die verflossene Cultur zwar ihren Zoll.

Höllenfinsterniss Fur. 18,144, ein vom bösen Dämon gequältes Weib 43,158 sind reine Formeln, deren lediglich äusserliche Beziehungen zu den entsprechenden Wendungen klassischen Inhaltes und des Vorgängers stimmen (cf. p. 70).

Ganz so, wie der spasshafteste Held der italienischen Epopöe im 34. und 35. des Fur. Gesange die überirdischen Reiche auf den Schwingen des Hippogryphen, im Fluge eines ausgelassenen Humors, durchmisst, verfährt aber der Dichter selbst mit den Vergleichsstoffen religiösen Inhaltes [1]).

Das Ungemach, welches Eva über die Menschheit durch Übertretung des göttlichen Verbotes brachte, ist ebensogut eine That des bösen Feindes, als das Feuerrohr sein Werkzeug Fur. 11,22; derselbe alte Widersacher, welcher Eva's Hand zu dem verbotenen Apfel führte, öffnet Karl die Augen über den Verbleib Rinaldo's 27,113. Von dieser Frucht muss denn auch der Paladin im irdischen Paradiese kosten, und er entschuldigt den Fehl Adams gern mit dem Wohlgeschmack der Speise (34,60). In anderem, ernstem Sinne dient Rinaldo der Ungehorsam Adam's mit seinen gerechten Folgen dazu, ihn in seinem Vorsatze zu bestärken, den ihm dargebotenen Becher nicht anzusetzen; denn der Mensch soll das ihm von Gott Verborgene nicht anzuschauen begehren, sonst trifft ihn Klage und Wehe 43,6. Als derselbe Held im Ardenner Walde von der Liebe zu Angelica befreit ist, scheint ihm Gott, wie einst Tobias, einen Engel herabgesandt zu haben, der ihm die Blindheit der Augen benehme 42,66. Hatte Bojardo den Rodomonte aus dem Geschlechte Nimrod's entstehen lassen (Inn. II:14,84), so theilt der Saracene auch bei Ariosto den Zorn seines Ahnherrn Fur. 14,119, und hält er sein Ungestüm einmal zurück — um nicht gegen die seinem Könige geschworene Lehenspflicht zu verstossen — so thut er mehr als Hiob (26,92). Nebukadnezar's Gottvergessenheit wird zum Gegenbild von Orlando's Raserei 34,65/66; des Paladins göttliche Bestimmung, den christlichen Glauben zu schützen, bezieht der Dichter mit Glück auf Simson's Kampf gegen die Philistäer (ib. 63), und ihre schimpfliche Flucht vor dem Eselsknochen kann nicht wilder gewesen sein als die der Hüter Doralice's vor Mandricardo 14,45. — Der Betrug spricht so gütig und bescheiden wie Gabriel, wenn er »Ave« sagt 14,7. —

Gleicherweise dient das *Neue Testament* zu den launigsten Vergleichungen. Als Ruggiero Logistilla verlässt, wählt er einen andern Rückweg; gleichwie die Magier Herodes mieden 10,69. Nach des Dichters Ansicht haben die dreissig Silberlinge, für die Christus verrathen wurde, der Kirche ebenso wenig geschadet, als der Böse dem Guten einen erheblichen Nachtheil zu bereiten kaum im Stande ist 22,2. Der Senapo nennt Astolfo einen von Gott gesandten Engel, einen neuen Messias 33,114. — Johannes, Astolfo's Führer auf dem Monde, ist ein Auserwählter des Paradieses 34,54. Die ib. 58 angeführten Worte über des Todesart des Apostels sind aus dem Ev. Joh. 21,23 fast wörtlich herübergenommen. — Die Evangelisten ohne Ausnahme erfreuen sich keines besonderen Ansehens. Orrigille weiss ihre Lügen so glaubhaft und wahr darzustellen, als St. Lucas und St. Johannes 16,13, und der ehrwürdige Opponent in der Schenke an dem Rhône weist die Er-

---

1) Auch hierzu ist Ranke Op. cit. p. 47 zu vergleichen, wenn auch die dort gegebenen Auseinandersetzungen unser Gebiet nur streifen, nur in ideeller Beziehung sich mit den vorliegenden Vergleichungen berühren.

zählung von Astolfo und Giocondo als unglaublich zurück, selbst wenn
sie ein Evangelist erzählt hätte 28,77. Der Eremit heuchelt eine
Frömmigkeit wie sie nur Hilarion oder Paulus hatte 8,45; die
Schenkung Constantin's trifft Astolfo in allegorischer Form als
übelriechende Blumen am Berge auf dem Monde an 34,80. Darum
konnte der aufgeklärte Humanist auch den Schwur auf die Hostie oder
auf die Evangelien unter so nichtswürdigen Vorwänden einführen,
wie bei dem factischen Ehebruch von Astolfo's Weib (38,49) oder bei
dem erdichteten Treuebruch der Ginevra 5,32 oder um Marganorre's
unauslöschlichem Hass gegen das weibliche Geschlecht den stärksten
Ausdruck zu verleihen 37,85, obwohl sein eigenes patriotisches Pathos vorher
die Missachtung des Abendmahlsopfers gegen die Feinde seines
Herzogs geltend gemacht hatte 14,8. Alcestes wird durch die Vor-
würfe Lydia's so reuig gestimmt wie je ein Heiliger in der Einsiedelei
34,31. Das Kloster heisst sogar eine neue Hölle 14,82. — Dieselbe
ironische Absicht ist auch den Stellen unterzulegen, an welchen einer
übernatürlichen Errettung aus Gefahren gedacht ist: ein Heiliger
hilft dem ins Meer geschleuderten Eremiten ans Land 29,7 ein Engel
schützt Ruggiero vor dem tödlichen Streiche Mandricardo's 30,54, nur
die göttliche Barmherzigkeit rettet ihn vor dem Ertrinken 41,51.
— Dem Ursprunge nach gehört auch die noch heutzutage allbekannte
Redensart hierher, welche Rinaldo im Munde führt: er will nicht, dass
an seinen Worten ein Jota fehle 44,37. —

In analoger Weise sind Bibelstellen da eingeflochten, wo es Ariosto
gut dünkt, und zwar stets mit besonderem Nachdrucke. — Karl's V.
unermessliches Reich, das alle Völker der Erde vereinigt, enthält schon
einen Theil der Verwirklichung von Christi Ausspruch: Et fiat unum
ovile et unus pastor, der wörtlich übertragen ist 15,26. — Aldighiero
beruhigt sein Gewissen über die Unmöglichkeit, Rinaldo von der Viviano
und Malagigi drohenden Gefahr rechtzeitig benachrichtigen zu können,
mit dem Spruche: L'animo è pronto, ma il potere è zoppo 25,76.
Et non relinquant in te lapidem supra lapidem kehrt in
Rodomonte's selbstgerechtem Monolog wieder, als er die Zerstörung
Biserta's voraussieht 27,125; wirksam hält ihm der besonnene Widersacher
nach des Wirtes Erzälung entgegen:

Cristo ha lasciato nei precetti suoi:
Non far altrui quel che patir non vuoi 28,82.

Es ist die einzige Stelle, in der auf die Quelle hingewiesen ist. — Nicht
ohne Ursache scheint Ruggiero seine Reden mit Bibelsprüchen zu
schmücken oder mit ähnlichen Wendungen vom Dichter bedacht zu sein,
gerade als wenn damit oberflächlich seine spätere Bekehrung angedeutet
werden solle. Gleichwohl vergisst sich der Held einmal zu einer starken
Lästerung:

Non che ne l'acqua (disse), ma nel fuoco
Per tuo amor porre il capo mi fia poco 22,35

welche gar seltsam gegen die schlichte Ausdrucksweise des Grafen von
Scandiano absticht:

Però ch'amor l'avea posto in tal loco
Che per colei sarì gittato in foco. Inn. I:I,86.

cf. I:29,19 (II:8,17); sonst drückt sich Ariosto auch wie sein Vorgänger
Fur. 20,143 aus. Bradamante schreibt der Paladin, dass er jetzt um so
mehr berühmt zu werden suchen müsse, da sie einst als sein Weib
mit ihm eine Seele in zwei Körpern sein werde 24,88. Als er

an der Insel durch »göttliche Güte« aus den Wellen gerettet wird, ruft ihn der Eremit mit denselben Worten an, »welche der Herr zu Paulus sagte, als er ihm den heilsamen Schlag gab« 41,53. Getauft und in den Lehrern des Christenthums wohl unterrichtet, sagt Ariosto von dem Bekehrten ähnliches, als der Evangelist von Christus: (Lucas 2,52):

E molto in fede e divozione accrebbe 43,194.

Auch Bradamante schmückt eines ihrer ermüdenden Selbstgespräche mit einer religiösen Anlehnung: die Treulosigkeit und der Undank ihres Geliebten verdient eine gleiche Strafe, als sie der schöne Engel wegen desselben Fehles erlitt, da er aus dem Himmel in die Hölle herabgeschleudert wurde 32,41.

Diese Freiheit, welche in der Bibel und Tradition nur einen der poetischen Verwerthung jedweder Art günstigen Stoff sah, machte, wie von der Antike, so auch von den Thatsachen der christlichen Lehre einen bequemen Gebrauch zur Umschreibung der Dinge, die mit jenen in enger Beziehung standen. Und in vollständigem Contrast zu dem leichtfertigen Gespött der angeführten Vergleichungen verdient in diesem Falle die kühne, vollendete Ausdrucksweise ungetheilte Anerkennung.

Christus und die Mutter Gottes können nicht schöner mit so einfachen Mitteln gefeiert werden, als es 15,92. 17,73. 38,82 geschieht, ohne der Würde des Gegenstandes etwas zu vergeben. Das Gelobte Land weiss Ariosto nicht würdiger zu feiern, als dass er dabei auf die Geburt und den Wirkungskreis des Heilandes hinweist 15,92,94. 17,78. Als Astolfo das Rothe Meer überfliegt, wird des Zuges Israel's und Unterganges des Pharao's gedacht 15,39. Das irdische Paradies ist ohne weiteres mit der Vision Eliä identificiert 34,68. Gleich der Auffassung seines grossen Stammesgenossen umgiebt der Dichter die Stadt Dis mit einem See 40,33 (Inf. 8,68), nimmt Charon die Seelen der Abgeschiedenen in einem Nachen auf 42,9 (Inf. 3,84).[1]) — Die Schutzpatrone von Paris: St. Johannes und Dionysius, werden von den Christen angerufen, die bedrängte Stadt zu erretten 27,30.

Dass Ariosto Griechenthum und Christenthum eins sind, wird an der arglosen Verbindung von Belegen aus der griechischen Mythologie und der heiligen Schrift klar.

Der Tag, an dem Josua die Sonne im Laufe innehielt[*]), die Nacht, in der Hercules gezeugt wurde können nur eine schwache Vorstellung davon abgeben, wie langsam Bradamante die Frist zu

---

1) Beide Male handelt es sich indess einzig und allein um eine blosse Entlehnung, die aber um so bedeutsamer erscheint, als specifische griechische Anschauungen mit rein christlichen vermischt sind, ohne dass die Unvereinbarkeit der beiden völlig getrennten und verschiedenen Ideenkreise empfunden wurde.

2) cf. Fur. 1,47. 26,128.

Ruggiero's Ankunft verstreicht 32,11. Unter den klassischen Beispielen von der Leichtgläubigkeit der Frauen ist auch Thamar genannt 34,14. Der Wein mundet Rodomonte besser als Nectar und Manna 29,22. — Die Unzulässigkeit einer Uebertragung heidnischer Anschauungen auf einen Ort, der mit dem Heidenthum nichts zu thun hat — wie wenn beim Erwachen Astolfo's im irdischen Paradiese Aurora, den Tithonus zurücklassend, am Himmel aufgeht 34,76 — empfand der Dichter nicht.

Wie Ariost über die Religion dachte, das sprechen diese Citate offen aus und ebenso, weshalb und wozu sie angewandt sind. — Abgesehn von Fur. 14,45. 34,63,65/6. 43,7 liegt in allen ein ironischer Zug. Sowohl das, was sie erläutern, als auch das, was sie enthalten, nimmt den Sinn des Lächerlichen an; wenn irgendwo, so hat der aufgeklärte Dichter hier Ironie und Satire ohne Rücksicht offen spielen lassen [1]. Es ist schwer zu unterscheiden, wann er über den eigentlichen Gegenstand, wann aber das Christenthum spottet, zumeist stellt er beides an den Pranger, und nur die Kunst seiner Darstellung macht das Ganze einigermassen erträglich. Der Charakter einer Vergleichung, welchen einige Beziehungen auf das Alterthum noch bewahrten, blickt nur in den vier besonders angeführten Stellen hervor; auf diesem Gebiet dient die erdichtete Ähnlichkeit sonst nur dem Muthwillen des Witzes. Von einem ausschliesslich dichterischen Zweck dieser Beziehungen ist demnach hier nicht zu sprechen, die Ironie allein wird sich dieses Ausdrucksmittels bedienen.

Durch die Zuhilfenahme der Mythologie und Geschichte wie auch der biblischen Thatsachen sind die ursprünglichen Schranken des Vergleiches durchbrochen, ohne dass damit zu gleicher Zeit eine erhebliche Annäherung an das Gleichniss erreicht wäre: beides wird durch die Natur der aufgesuchten Beziehungen bedingt. Denn trotzdem die ausführliche An- knüpfung an Thatsachen einen breiteren Raum zur deutlichen Ausführung verlangt, so entspricht sie doch keineswegs den

---

1) Für den, welcher an die hinter den oft unverdächtigen Wendungen versteckte kirchenfeindliche Gesinnung Ariosto's nicht glauben will, sei auf Fur. 38,83 und 43,192 verwiesen. Hier ist denn doch die Ironie — oder wenn man will der gotteslästerliche Charakter — offenbar. Bedarf es da noch des deutlicheren Fingerzeiges auf »die schimpfliche Unzucht des Eremiten 8,47 ff.« und auf andere gelegentliche Anfeindungen des Christenthums und seiner Satzungen? — cf. Ranke l. c. p. 47.

Anforderungen, welche nur das Gleichniss zu erfüllen vermag. Aber gerade um ein Gleichniss zu sparen, nahm Ariosto mehrfach seine Zuflucht zu dem einfacheren Darstellungsmittel; dass er auf diesem Wege nicht das erreicht hat, was er beabsichtigte, und was nur vermittels des Gleichnisses erreicht werden kann, ist in der vorangehenden Darlegung zu zeigen versucht worden. Aber auch in Hinsicht auf die natürlichen Vergleichsstoffe können wir uns nicht zu Gunsten des complicierten mythologischen und religiösen Apparates aussprechen. Der Dichter hätte entschieden besser gethan, die ersteren auf Kosten der letzteren zu verstärken oder diese wenigstens an Zahl bedeutend einzuschränken. Jedenfalls werden heutzutage die ohne gelehrte Kenntniss sich darbietenden Vergleichungen mit Recht allein zugelassen; denn die antikisierende Schreibweise erzeugt in den allerwenigsten Fällen eine deutliche Anschauung des zuschildernden Vorganges und drängt sich schliesslich als Hauptsache vor. Aber die sonst hochentwickelte Cultur des Rinascimento war zu der Erkenntniss des wahren Sachverhaltes noch nicht durchgedrungen.

Die schmucklose Einfachheit in der Bezugnahme auf die wahrnehmbaren Gegenstände tritt naturgemäss gegen den Prunk der classicisierenden Rede zurück. Mit sichtbarem Wohlgefallen verweilt Ariosto bei den antiken Anlehnungen, und dennoch kann man nicht behaupten, dass er die kunstlosere Anknüpfung·an die alltäglichen Dinge vernachlässige. Was vorhin von dem Verhältniss zu seinem Vorgänger gesagt wurde, besteht auch jetzt noch zu Recht. Trotzalledem herrscht bei Ariosto Abwechselung und Leben. Bojardo, der noch zum guten Theil in der herkömmlichen Anschauungswelt einer bei Ariosto längst überwundenen Culturepoche befangen ist, theilt mit dieser Gebrauch und Anwendung der Mehrzahl der benutzten Vergleichswörter, insonderheit aber die zu blossen Einschiebseln herabgesunkenen. Ein weitere Bedeutung vertritt der einfache Vergleich in seinem Verhältniss zu dem Gleichniss; hier spielen Anregung und Fortentwicklung eine beachtenswerthe Rolle. Erstreckt sich nun dies Interesse vorwiegend auf die Form, so darf dabei nicht vergessen werden, dass der Gegenstand des Vergleiches durch mannigfache Neben-beziehungen im Gleichniss ein anderes Aussehn annimmt, so dass ersteres, trotz der ähnlichen materiellen Beschaffenheit, eine wesentlich andere Stellung beansprucht. Ausserdem aber verlangt der Stoff ein gleiches Recht auf unsere Aufmerksamkeit. Hier wird gerade der wesentliche Unterschied zweier Cultur-perioden und beider Dichter klar. Bojardo hält sich an die Gegenstände der sinnlichen Wahrnehmung, die einfachsten Ausdrücke scheinen ihm die besten; daher der Reichthum an volksmässigen Redeweisen, die, in Anbetracht ihrer Wirkung und ihres Inhaltes, den Anforderungen der Klarheit und Bestimmtheit der Beziehungen genügen. Ariosto, den diese Manier abstösst, fehlt in einer andern: das Alterthum der Geschichte und Sage leiht ihm den Stoff, der gleich den populären Wendungen dem Wesen nach bestimmt ist. Dazu schmückt er seine Sprache mit biblischen Entlehnungen, die im Gegensatz zu dem pathe-tischen Zweck der antiken Stoffe eine scurrile Tendenz verfolgen. Beide Dichter werden zu Manieristen: die trivialen, gar schmutzigen Wörter thun der echten poetischen Wirkung ebenso sehr Abbruch, als die oft unglücklichen Bezugnahmen auf das klassische Alterthum die Frische der Darstellung trüben und im beständigen Widerstreit mit den satirischen Spässen auf die Religion den Gegensatz von des Dichters Anschauungen zu der phantastischen Überlieferung schroff betonen.

B. Gleichnisse.

Wie hinsichtlich der Form das Gleichniss eine höhere Ent-wicklungsstufe des Vergleiches darstellt, so findet ein Gleiches auch in Bezug auf den Inhalt statt. Die erweiterte Form lässt der dichterischen Subjectivität freien Spielraum in der Wahl der Stoffe und ihrer Ausführung. Es wird nicht nur ein

Gegenstand und dieser nur von e i n e r Seite angeschaut, sondern oft werden v e r s c h i e d e n e, in einem wechselseitigen Verhältniss stehende Gegenstände herangezogen, oder, sobald nur an e i n e n Gegenstand angeknüpft ist, dient nicht etwa seine wesentlichste Eigenschaft, vielmehr ein Zustand desselben als Vergleichspunkt. Ergiebt sich nun schon hieraus eine dem Vergleiche in solchem Umfange unbekannte Fülle von Anlehnungen und Stoffen, so wird diese noch dadurch erhöht, dass infolge einer verschiedenartigen Gruppierung, einer anscheinend unbedeutenden Änderung in den Einzelheiten das Bild ein anderes Aussehen erhält. Infolge dieser stofflichen Verschiedenheit, die der schematischen Vereinigung von dem Stoffe nach verwandten Beziehungen schlechterdings widerstrebt, so wie der damit unzertrennlich verbundenen, complicierteren Beziehungen des Vergleichenden zu dem Verglichenen, die im Einzelnen wenige gemeinsame Vergleichspunkte bieten, ist der Gesichtspunkt der stofflichen Gliederung der Vergleiche verlassen worden. Während im vorhergehenden Abschnitt das tertium comparationis den Ausschlag bei der Eintheilung gab, geht die nachfolgende Anordnung lediglich vom Stoffe selbst aus. Ebensowenig konnte auch die von Vischer eingeführte Unterscheidung von »aufsteigender« und »absteigender Vergleichung« [1] im vorliegenden Falle als praktisches Eintheilungsprincip berücksichtigt werden; vielmehr erwies sich die rein stoffliche Scheidung als die einfachste und übersichtlichste [2].

I. Das Bild gehört dem Bereiche der geistig-belebten Wesen an.

1. Bild und Gegenstand sind von gleicher Gattung, menschliche Wesen.

Den grossen Herren, welche um eines thörichten Wunsches willen oft ihr Reich in Gefahr setzen, ähnelt Gradasso, der Durindana und Bajardo um jeden Preis besitzen will Inn. I:1,5/6. — Ein König freut sich nicht so sehr über die Wiederfindung seiner verlorenen Krone, als Arthur über die Ehrenrettung seiner Tochter Fur. 5,6. Ähnlich wird Perodia's und Dolistone's Freude über

---

1) Vischer a. a. O. 842.
2) cf. Bolza: Mannale Ariostesco: 82. Die von diesem Gelehrten angeführten Gleichnisse sind mit einem * bezeichnet.

das Wiedersehn Fiordelisa's der eines zu Tode verurtheilten Ge-
fangenen, dem die Freiheit geschenkt wird Inn. II:27,30.
cf. Inn. I:2,19, verglichen. Dasselbe Bild veranschaulicht das Gefühl Bradamante's als Ruggiero am Hofe Karl's erschienen ist Fur. 46,66. Ebenso sehn-
süchtig, als der Gefangene die Befreiung erwartet 32,10 oder
ein Liebender sich auf die süsse Frucht der Liebe freut ib. 74,
sah sie seiner Ankunft in Montalbano entgegen. Der Held verbringt
die Nacht vor dem Zweikampfe mit der Geliebten wie ein des Todes
Schuldiger 45,64 (cf. 2,11. 20,41); rein äusserlich, nur eine modale
Bestimmung enthaltend, ist die Vergleichung 37,88 verwandt. Angelica
wechselt die Farbe wie Jemand, der sich der Hinrichtung
nähert Fur. 2,11. — Der eine Festung angreifende Belagerer
45,75 und derjenige, welcher eine aufgeschobene Arbeit
in Hast beendet ib. 79 sind auf den Kampf Ruggiero's und Bradamante's bezogen. — Der griechische Kaiser ist des Sieges über die
Bulgaren nach der Festnahme Ruggiero's ebenso sicher als der, welcher
im Kampf seinem Gegner beide Arme abgehauen hätte
ib. 13. — Guidone Selvaggio verlangt nach Rinaldo wie der
Blinde nach dem verlorenen Augenlichte 31,30. Dem
Geizigen, welcher seinen Schatz vergräbt, gleicht Isabella,
da sie ihr Leben im Kloster beschliessen will 28,100, und wie der
Geizige nicht ohne seinen Schatz leben kann, so auch Bradamante nicht von Ruggiero getrennt 45,34. — Fiordespina's leidenschaftliche Begier ist in den Gleichnissen des nach eitlen, quälenden
Traumbildern erwachenden Kranken 25,43 und der Freude
des Hoffnungslosen, der das Begehrte endlich gefunden
hat ib. 66/7, nachgebildet. Orlando, von seiner Raserei geheilt, blickt
erstaunt, wie der aus einem bösen Traum Erwachende* 39,58.
Als die vier Helden aus dem unterirdischen Palaste aufsteigen, wissen
sie selbst nicht, wie es zugeht, gleichwie auch der aus dem Traume
Aufgeweckte sich dieses nicht mehr erinnern kann Inn.
III:7,37. — Rodomonte's Ruhelosigkeit erhält ihr Gegenbild in dem
sich auf dem Lager wälzenden Fieberkranken* Fur. 28,90;
die zeitweilige Ungeduld des letzteren über seine Qualen,
seine spätere Reue nach der Linderung der Schmerzen macht
der Dichter zur Entschuldigung des eigenen Ungestüms geltend 30,1/2. —
So wenig ein neugeborenes Kind einem Manne Widerstand
leisten kann, so wenig richtet Brandimarte gegen den Wilden etwas
aus Inn. I:23,11. — Wie das von der Mutter gezüchtigte Kind die
strafende Hand küsst, so liebt Leone Augusto sogar den starken
Feind Ruggiero* 44,92. — Als dieser Held durch den Ring Angelica's
die Hässlichkeit der Alcina gewahr wird, erinnert der Dichter an den
Abscheu des Kindes vor der faulen Frucht, die es, noch
unreif, vorher sich aneignen wollte 7,72. Eine Mutter em-
pfängt ihren todtgeglaubten Sohn, nicht mit grösserer
Freude, als Sacripante unerwartet Angelica neben sich erblickt 1,53.
Im Kampfgetümmel fühlt sich Marfisa so wohl, als ein Kind unter
Blumen oder eine geputzte Dame im Reigen 18,112.
    Wie ein treuer Diener seinen Fehler verbessert, damit
ihn der Herr nicht merke, so macht auch St. Michael seine Ver-
säumnis wieder gut *27,36. — Dem Arzte, der mit starken Mitteln
nutzt, wird Melissa in der Sorge um Ruggiero an die Seite gestellt
7,42; (die Operation des Aderlasses erläutert die Handhabung des
Feuerschlosses 9,29).

Der Jäger, welcher den Wald umzingelt, der Fischer zu Volana, der Vogelsteller*, der mit dem Lockvogel einen guten Fang hofft, verdeutlichen die Absichten Cimosco's auf Orlando 9,65/67. ib. 73 ist der von Hunden begleitete, mit einem Jagdspiess bewaffnete Jäger, welcher dem unter Geräusch hervorbrechenden Eber auflauert, auf Cimosco bezogen, der in einem sicheren Hinterhalt Orlando aufpasst. Sonst ähnelt der Finkler dem Grafen, der Wintereichen und andere Bäume wie jener Stoppeln, Nesseln und Binsen ausreisst 23,135.

Das Staunen des Pflügers über die vom Blitze zerschmetterte Pinie wiederholt sich in der Verwunderung Sacripante's über seine Niederlage durch Bradamante *1,65, ebenso wie die Unruhe des von *Blitz- oder Feuerschaden Betroffenen ist Karl's Besorgnis über das Gemetzel in seinen Scharen *27,22. 16,88. Die Amazonen flüchten nach Astolfo's Hornstoss wie die durch Feuerlärm aus tiefem Schlafe geweckte Familie *20,89.

Der Grenzstreit zweier Bauern und der Kampf Orlando's mit Mandricardo *23,83, das vergebliche Bemühen des Landmanns den übertretenden Fluss einzudämmen und Marfisa's Versuche die Uneinigkeit ihrer drei Begleiter beizulegen *26,111/2 sind mit Geschick einander gegenübergestellt. — Der von einer im Grase verborgenen Schlange aus dem Schlafe aufgeschreckte Dörfler gleicht dem von dem Ruhbette Angelica's aufspringenden Orlando 23,123 oder dem von dem Heere der Paladine umschlossenen Fährmann Agramantes *39,32. Der den Tod seines Kindes an der Schlange rächende Hirt ähnelt Orlando, welcher Rache an Agramante für Brandimarte's Tod nimmt *42,7. — Angelica flieht vor Rinaldo schneller, denn je ein Wettläufer lief oder eine furchtsame Hirtin vor der Schlange floh 1,11.

Caligorante's Behausung, geschmückt mit den Knochen der Erschlagenen, schildert Ariosto vortrefflich an der Gewohnheit des Alpenjägers, der die Thürpfosten seiner Hütte mit Jagdtrophäen behängt *15,50, und an der Sitte, die Thürpfosten mit Gold und Purpur, ib. 51, (oder mit gefärbter Seide '13,32) zu bekleiden. Den Pilot, welcher das Schiff glücklich aus dem Hafen durch Felsen hindurch ins Meer führt, den Steuermann, der des Schiffes Vordertheil gegen die drohende Flut zur Sicherheit aufrichtet, wendet der Poet auf den durch die Lüfte reitenden Astolfo 23,16, und den sich vor Orlando mit dem Schild schützenden Sobrino an *41,74.

Rinaldo und Orlando mit Bajardo und Durindana, sind 2 Kaufleute, die ihre Waaren sehr theuer verkaufen Inn. I:1,6. — Wenn Regis[1]) den Vergleich auf die Dinge selbst bezieht, so sprechen Belege wie Inn. II:16,40, Fur. 13,35 eher dagegen als dafür.

Obwohl von diesen Stoffen verschieden, möge die Vergleichung des in dem Dunst der Hölle kaum erkennbaren, hin und her schwankenden Schattens der Lidia mit einem Leichnam, der, einige Zeit dem Wasser und der Sonne ausgesetzt, im Winde schaukelt, Fur. 34,7 hier erwähnt sein.

---

1) Matteo Maria Bojardo's Verliebter Roland, übersetzt und herausgegeben von Gottlob Regis, Berlin 1840 (G. Reimer), p. 388.

2. Bild und Gegenstand gehören verschiedenen Gattungen an:

a) Der vergleichende Gegenstand ist ein Thier, der verglichene eine Person, ein Thier oder ein lebloser Körper.

Gabrina erinnert in ihrer Erscheinung an einen lächerlich aufgeputzten Affen Fur. 20,120. Wie der Hund der Fährte des Wildes nachgeht, so folgt Orlando der Angelica *12,36. 29,61, oder Rodomonte und Mandricardo der Doralice 27,6. — Wie der Eremit auf Umwegen der Angelica nachstellt, so erreicht auch der Hund, von der Fährte durch wilde Thiere abgebracht, den Hasen an der Furt 8,33 (cf. 4,25. 46,67).

Der gegen den Wolf vorgetriebene Hofhund, welcher scheut und die Zähne fletsch, ist ein Bild von Martano's Freiheit *17,88, der, scheinbar in Widerspruch mit dieser Vergleichung, ib. 91 mit dem vertriebenen Wolfe (cf. p. 61) verglichen ist Fur. 20,139. 24,62. 37,78. 39,10. 2,55 s. weiter unten. — Bajardo geht so sanft auf Angelica zu, wie der Hund, welcher, mehrere Tage enfernt, seinen Herrn begrüsst 1,75.

Der Löwe im Kampfe mit seines Gleichen und anderen Thieren bietet beiden Dichtern ein willkommenes Abbild von Schlacht und Streit der Helden: Ferraù und Argalia, Ferraù und Rodomonte gleichen zwei Löwen Inn.I:2,2 II:24,4, Bradamante und Sacripante oder Rinaldo und Dardinello dem Stiere und dem Leuen Fur.1,62. *18,151. Der ungebrochene Muth des fliehenden Thieres wird Inn. I:11,44 (Agricane), II:7,45, Fur. 18,22 (Rodomonte) verwerthet. Eine nur oberflächliche Übereinstimmung ist da vorhanden, wo der Beutelust des Löwen gedacht wird Inn. I:23,47. II:14,54. Cloridano's Morden im Lager der Christen gleicht der Verwirrung, welche der hungrige Löwe im Schafstalle anrichtet Fur. 18,178. Neu und eigenthümlich zeigt sich Ariosto Fur. *18,14/15. *26,120: dort ist der Angriffsweise der Christen gegen Rodomonte die Vertheidigung des in einem Käfig eingeschlossenen Stieres gegen die kleinen Löwen, nachdem die Löwin den Kampf eröffnet hat, hier dem zornigen Angriff Ruggiero's gegen Rodomonte die Rache des Löwen an dem Stiere, der ihn vorher auf die Hörner genommen hatte, entgegengestellt. — Wie der Löwe vor Schmerz an einer erhaltenen Wunde brüllt, so holt Agricane, von Orlando getroffen, zu einem neuen Streiche aus Inn. I:19,6.

Der Kampf zweier Stiere um eine Kuh ist in beiden Gedichten verschieden verwerthet: das blosse Kampfbild bietet Inn. I:11,9 den Ausgang des Kampfes, die Niederlage des besiegten Gegners und sein Verlassen des Kampfplatzes wird auf Rodomonte angewandt, als ihm Mandricardo Doralice abgenommen hat *27,111. Der grimme Heide ist schon vorher, in der Schlacht bei Paris, einem Stier verglichen, der nach Durchbrechung der Schranken die Schaulustigen in die Flucht jagt *18,19. Orlando zerrt die ihn umfassenden Paladine mit sich fort, wie der Stier die ihn anfallenden Hunde *39,52. Wie der Hufschmied einen Ochsen oder ein Pferd zu Boden streckt, so ziehen die fünf Paladine Orlando zur Erde nieder ib. 54. Cimosco's Sohn fällt wie der von der Axt getroffene Ochse 9,42.

Die Schnelligkeit der Parder, welche vergeblich Hirsche verfolgen, veranschaulicht Marfisa und Bradamante, als sie hinter den Feinden hersetzen *39,69 (cf. ib. 10). Schneller als der Parder den Hasen überwindet[1]), glaubt Rodomonte Ruggiero zu besiegen *26,93. — Dasselbe Bild ist noch zweimal benutzt: Die Eile des den Hasen verfolgenden Parders ist dem Bajardo auf den Fersen folgenden Hunde Fur. 8,7 und dem vor Rinaldo flüchtigen Haufen Inn. I:4,65 zugesprochen.

Das junge Dam- oder Rehwild, dem der Panther die Mutter vor den Augen zerrissen hat, flieht vor diesem, wie Angelica vor Rinaldo *Fur. 1,84 (cf. ib. 11). — Bradamante wartet auf Atlante, wie der Wolf auf das Lamm Fur. 4,25 (cf. 8,38), Marganorre dürstet mit gleicher Gier nach dem Blut der Frauen 37,43. Angelica's Hilflosigkeit erscheint Orlando gleich der des verirrten Lammes, das dem Wolfe zur Beute wird 8,76/7. Dasselbe Bild wird gern im Furioso zur lebhaften Schilderung eines Kampfes herbeigezogen, jedoch dann in der Art erweitert, dass die fliehenden Feinde auf eine Schafherde, die vor einem reissenden Thiere flüchtet, bezogen werden Fur. 12,77/8. 14,29. 16,23,51. 31,58. Inn. I:4,44. 17,11; vgl. Fur. 40,49.

Die Wölfin, welche von weitem die Jäger hört und entweicht, wird ein charakteristisches Seitenstück zu Gabrina's Flucht vor Orlando 23,92. Mit einer geringen Änderung kehrt das Bild *Fur. 37,95 wieder. — Andrerseits schreibt Ariosto die Beutelust des Wolfes, der an den mageren Überresten eines todten Stieres steht, dem Charakter Mandricardo's zu *14,37 (cf. 43,153). In nahezu sprichwörtlichem Sinne ist der Wolf dem Lamme zur Wache gesetzt, wie Odorico der Isabella 24,16.

Rodomonte, der Doralice eingebüsst hat, ist sehr wohl mit der Tigerin, die, ihrer Jungen beraubt, dem Jäger nachsetzt zu einem anschaulichen Bilde verbunden *18,35 die Gewandtheit dieses Raubthieres, den Hirsch zu fangen, achtet Rodomonte nichts gegen die Leichtigkeit, Ruggiero zu überwinden '24,90. (cf. *26,93). Orlando und Mandricardo fürchten ihre Feinde ebensowenig als der Bär die Hunde (Inn. II:14,57.) *Fur. 11,49 oder die Reihen der Jäger Inn. II:30,37. — Die Mutterliebe der Bärin, welche ihre Jungen vor dem Jäger vertheidigt, veranschaulicht die Aufopferung Medoro's an der Leiche Dardinello's Fur. 19,7. 29,46 s. weiter unten. Einen lehrhaften Charakter tragen die Beispiele von dem Bären, welcher trotz der Bienenstiche den Honig frisst, und von dem Renner, dessen ungestümer Lauf vergeblich durch Gebiss und Zügel gehemmt wird, zur Schau Fur. 11,1.

Der Anlauf des Ebers gegen Jäger und Hunde dient zur Schilderung des Angriffes eines Helden gegen einen feindlichen Haufen Inn. I:19,45/6. II:14,21/2. Fur. 14,120; vgl. 9,73.

So wie vorher das vom Wolfe verfolgte Schaf die Vorstellung der Flucht vermittelte, so auch der fliehende Hase Inn. I:4,65. II:23,67. Fur. 20,91. 25,17. 26,93. (cf. 8,33). — Der Jäger, welcher den Hasen sucht, bis er ihn findet, soll den Mädchen zur Warnung

---

1) Statt dessen ist '24,90 die Beziehung auf den Tiger und Hirsch gewählt.

dienen, sich den feurigen Jünglingen nicht hinzugeben Fur. *10,7; er ist andererseits ein Bild von Orlando's unermüdlichem Forschen nach Angelica *12,87 (cf. ib. 1/4).

Die Falschheit und Arglist des Fuchses erscheint zweimal nahezu als ein Symbol der Mainzer. Bradamante schneidet Pinabello den Weg zu seiner Burg ab, wie dem Fuchs zu seiner Höhle 22,74; die Mainzer warten auf eine passende Gelegenheit Ruggiero Unheil zuzufügen, wie der Fuchs dem Hasen auflauert 46,47 (cf. 4,25. 8,33). Ein anderes Mal vergleicht der Dichter Pinabello, dem seine Geliebte von Atlante auf sein unzugängliches Schloss entführt ist, mit dem Fuchse, dessen Junges im Adlerneste sitzt *2,44. *Fur. 27,27 hat die Beziehung auf den aus seiner Höhle vertriebenen Reinhart, der dem Hunde zur Beute wird, dieselbe didaktische Tendenz, welche in dem Sprichwort »cader de la padella ne la brage« (Fur. 13,30. Inn. II:26,34) ausgesprochen.

Der Missbrauch des Uebergewichtes des Stärkeren über den Schwächeren findet in »dem grausamen Scherze« der Katze mit der Maus einen passenden Ausdruck Fur. 4,22/3. 29,10.

Im Bilde eines guten Renners, der vor allen seines Gleichen im Wettlauf den Preis erhält, ist Alfonso d'Avalos gerühmt 15,28; dem muthigen Berberrosse gleich, welches das Zeichen zum Kampfe vor Ungeduld nicht erwarten kann, brennt Bradamante vor Begiero gegen Ruggier loszubrechen 45,71, während Zerbino's Niedergeschlagenheit treffend in dem im Wettrennen besiegten Pferde dargestellt wird 20,131. Guidon Selvaggio vergleicht sein Missgeschick, unthätig den Weibern dienen zu müssen, dem eines Streitrosses, das wegen eines Fehles in der Heerde laufe 20,64.

Um der Furcht Orlando's, der sich der Waffen entledigt hat, einen wirkungsvollen Ausdruck zu verleihen, weist Mandricardo auf den Biber hin, der sein Leben dadurch rette, dass er dem Jäger sein Geil lasse 27,57.

Beide Dichter benutzen als Gegenstück zu dem von Liebe verwundeten Herzen in der Hindin, welche den Pfeil des Jägers mit sich trägt und unaufhörlich von Schmerzen gequält wird, ein in der lyrischen Poesie oft gebrauchtes Motiv Inn. I:5,14. Fur. 16,8.

Wie der Vogelsteller einem bildlichen Zwecke dienen musste, so zieht der Poet auch den Vogel, der sich in dem Garne fängt und verwickelt *Fur. 23,105 (cf. 24,1). 45,17. (cf. 13,35); Inn. II:26,59. (cf. I:14,29), oder aus den Netzen sich befreit Fur. 4,39 zur Vergleichung heran. Der Flug des Vogels wird auf die Stromfahrt des Bootes bezogen 43,52. Demselben Zweck dient das Bild von dem auf den Ruf des Falkoniers rasch herabsteigenden Falken 43,68 und von der in der Luft fliegenden Schwalbe *30,11. — Der Angriff eines Helden auf eine Heeresabtheilung hat denselben Erfolg wie der Stoss des Falken auf einen Vogelschwarm Inn. I:20,39. II:17,19. 25,13. III:6,11. Fur. 12,84 (cf. ib. 77/8) 25,12. — Die Gleichnisse von dem Falken und der Weihe, welche das Küchlein davon tragen* 2,39 und die Taube mit sich führen ib. 50, beleben die Schilderung Pinabello's von dem Raube der Geliebten. Die Schnelligkeit des herabstossenden Falken ist 2,38 benutzt. Die dem

winzigen Brunell überlegene Stärke Marfisa's wird auf den das Küchlein raubenden Adler bezogen 27,89. Eine sinnreiche Verbindung
besteht zwischen dem aus der Höhe auf die Orca sich herabschwingenden
Ruggiero und dem aus den Lüften auf die Schlange stürzenden
Adler 10,103/4. Astolfo's Hippogryph und der Jagdfalke, dem die
Haube abgenommen ist, sind gar wohl in der Schnelligkeit mit
einander verglichen 4,46. Die Anstrengungen, welche der
Kranich zum Auffliegen macht, ähneln denen des in die Lüfte
steigenden Hippogryphen 2,49. Der Arzt, welcher Argeo das Gift
reicht und wider Erwarten von Gabrina gezwungen wird, an sich
selber die Wirkung zu erproben, ähnelt dem Sperber, der, den Staar
in den Fängen haltend, von dem Hunde überrascht wird
*21,63. Als Mandricardo das Ross zum Austrag der Feindseligkeiten mit
Rodomonte besteigt, ist er so freudig, wie der Habicht, welcher der
Ente ansichtig wird* 24,96. Agramante ist von Brandimarte so
übel zugerichtet, wie der Sperber, welcher sich den Klauen des
Geiers entwindet *42,8. Auf ähnliche Weise, als der Reiher
oder das Huhn vom Falkner zerrissen wird, spannt Orlando
dem Knaben die Arme auseinander 29,55/6. Fur. 4,4 s. weiter unten;
cf. ib. Inn. II:26,59.

So gut als der Phönix nur einmal auf der Welt vorhanden
ist, so kann auch nur ein Mann den Schlichen des Weibes entgehen
Fur. 27,136.

Die Furchtsamkeit der Tauben ist in beiden Dichtungen zu
Gleichnissen ausgebeutet: ihre Flucht vor dem Falken Inn. I:26,36,
vor dem Büchsenknall Fur. 22,21, vor dem Unwetter* 46,111.
Rinaldo's Ankunft in Montalbano spiegelt in der Rückkehr der
Schwalbe zu ihrem Neste wieder* 30,93; dasselbe Bild ist auf
den Steuermann Agramante's angewandt, der nahe Biserta zu landen
gedenkt 39,31. — Bradamante trauert über die Trennung von ihrem
Geliebten, wie die Schwalbe und Nachtigall über das ge-
plünderte Nest oder die Turteltaube über den Verlust
ihrer Gefährtin 45,39/40.

Die am Schwanze gefasste Schlange ähnelt dem zornigen
Rinaldo I:23,37 (cf. p. 66); ihr Züngeln und feindseliges Gebahren
im neuen Frühlingskleide gleicht Rodomonte's Kampfbegier *Fur.
17,11, ihre angenommene Taubheit bei der Beschwörung
muss Bradamante Ruggiero's geflissentliches Fernbleiben deuten 32,19.
Noch treffender gebraucht Bojardo das gleiche Bild, um die Unnach-
giebigkeit des Narciss gegen die Bitten der Königin des Orients zu
schildern Inn. II:17,52. Die Erbitterung der getretenen Schlange
ist Mandricardo's Zorn gleich 30,56. — Als Orlando den schweren Tisch
gegen die Räuber schleudert und diese aus der Höhle entfliehen, gedenkt
Ariosto der Verwirrung, welche ein geschickter Steinwurf
in einem Schlangenhaufen anrichtet Fur. 13,38. Fur. 9,68/9
s. weiter unten.

Die Hast der Eidechse während eines Gewitters giebt
eine eigenthümliche Vorstellung von der Eile des Zwerges Fur. 18,36.

Die Orca betäubt der Glanz von Ruggiero's Schilde, wie die
Forelle oder den Schuppenfisch durch Kalk getrübtes
Wasser Fur. 10,110.

Orlando's Benehmen bei der Landung auf Ebuda gleicht dem Krebse,
welcher aus dem Meere an den Strand kommt Fur. 11,82.

In dem Schmetterling, der um die Flamme flattert
und schliesslich in ihr verbrennt, erblickt Bojardo ein Abbild
der Liebesqual Fiordespina's Inn III:9,4¹). Bienenschwärme *Fur. 20,82,
Fliegen, die Milchgefässe angreifend, Staare, welche
auf die frühreifen Trauben zufliegen* 14,109 versinnlichen die
Vorstellung ungeordneter Heerhaufen (cf. mosca p. 59). — Ruggiero's
unablässige Angriffe auf die Orca werden durch die erfolglosen Versuche
der auf den Hund schwirrenden Fliege glücklich veranschaulicht
*10,105. Ruggiero und Marfisa richten unter den Mainzern ein solches
Unheil an, wie die Schwalbe in feindlichen Bienenschwärmen
*26,17. Bradamante vergleicht ihre fruchtlose Mühe, Ruggiero an sich
zu fesseln, mit der eitlen Arbeit der Biene, welcher der Honig
alljährlich entzogen wird 44,65.

II. Das Bild gehört dem Bereiche der beweglichen und organischen Wesen (Pflanzen) und der Naturerscheinungen (der täglichen Erfahrung) an.

Orrigille und Martano passen zu einander wie die Blüte zur
Pflanze Fur. 14,6. Wie die Blume die Wiese schmückt, so
zieren den Menschen Kenntnisse Inn. I:18,44. Nur einen lehrhaften
Zweck hat die Parallele zwischen der aus hässlichem Kraute ent-
spriessenden Blüte und dem vom Weibe geborenen Manne 27,121.
Das Bild des Mähens, der Sichel, welche das Gras schneidet,
ist öfter zur lebendigeren Darstellung eines Kampfes herbeizogen Inn.
II:14,56. Fur. 16,50. 37,79. Aehnlich verhält es sich mit Inn. III:4,4.
Die verwelkte Blume bietet dementsprechend ein natürliches Sinnbild des Todes. Die gedörrte Purpurblume und der von Regen
niedergedrückte Mohn *18,153, der gebrochene Liguster
43,169, die auf dem Dorne welkende Rose 24,80, erfüllen dieselbe
symbolische Bedeutung. Die Flüchtigkeit ihrer Blütezeit gleicht
dem Leben selbst Inn. I:12,15. Die Gleichnisse von den Veilchen,
die der Winter tödtet Inn. I:12,16, und der im Sonnenbrande
gepflückten Rose Fur. 28,27 (cf. p. 57, X) malen die Niedergeschlagenheit
Prasildo's und Giocondo's reizvoll aus. Wie dann die Sonne die Blumen
nach dem Regen erquickt, so ist die glückliche Wendung früherer
Betrübnis das ideelle Abbild des Naturvorganges Inn. I:12,85. Fur. 23,61.
*32,108. Ohne Schwierigkeit konnte daher auch die vom Unwetter
heimgesuchte Natur mit dem von ruheloser Eifersucht gequälten
Orlando verglichen werden 8,81, ja das Bild hatte einen so allgemeinen
Charakter angenommen, dass es auch einer sententiösen Verwendung
fähig war 25,34. Ebenso geläufig war der Hinweis auf die Blume als
ein Symbol des actuellen Lebens: Das sittenreine Leben der Jungfrau
erhielt in der auf dem Dorne unberührt blühenden Rose einen
gewissermassen allegorischen Reflex Fur. 1,42/3; im allgemeinen galt

---

1) Weshalb Bojardo dasselbe Gleichniss III:7,36 nochmals angewandt
hat, ist eigentlich nicht recht ersichtlich; denn nachdem in derselben
Stanze der Aufstieg der Helden aus dem Palast der Nymphen durch den
kurzen Vergleich genügend geschildert ist, scheint eine Wiederholung
des Vorganges im Gleichniss überflüssig.

die blühende Rose als ein Sinnbild der jungfräulichen Schönheit Inn. II:23,12. III:9,5. Fur. 10,11. 37,28. — Die schöne Jahreszeit vertritt dieselbe Bedeutung: wenn von dem Frühlingshimmel der Regen fällt und die Nachtigall in den Zweigen singt, so erscheint das Gesicht Olimpia's von Thränen bedeckt, in denen Amor seine Flügel badet, nicht minder schön 11,65. — Die durch alle Hemmnisse nur verstärkte Leidenschaft wird einem Baume verglichen, der, an der Wurzel abgeschnitten, jedesmal mit stärkeren Trieben hervorbricht 5,23, metaphorisch gelangte dieselbe Beziehung noch intensiver zum Ausdruck '5,23; ebenso spricht 5,64 der Dichter von einem Baume der Liebe, dessen Früchte der eine den andern abnehmen sieht. — Sonst werden die Mädchen zur Liebe ermahnt, damit es ihnen nicht wie der verwilderten Rebe ohne Stütze ergehe Fur. 10,9. — Zwei Liebende halten sich so fest umschlungen, wie der Epheu die ihm als Halt dienende Pflanze umschlingt Fur. 7,29 (Ruggiero und Alcina), oder wie die schmiegsamen Acanthus Säulen und Balken umwinden 25,69 (Ricciardetto und Fiordespina). Nach dem Vorgange Dante's (Inf. 13,40/44) lag es sehr nahe, das Wimmern des verwandelten Astolfo und das Ausschwitzen des Harzes auf das Stöhnen und Zischen des feuchten Holzes im Feuer zu beziehn 6,27,*32. Lucrezia Borgia am Hofe von Este wird mit der in fruchtbarem Erdreich gedeihenden Pflanze verglichen 13,69. Anders verhält es sich mit der halb allegorischen Verknüpfung der Raserei mit einem Walde, den unzählige Wege durchneiden, deren einer aber nur herausführt 24,2.

Das Blatt, welches jedem Luftzuge folgt und vor dem Winde hergetrieben wird, veranschaulicht den Wankelmuth Doralice's 30,72 und Gabrina's 21,15, während Bradamante darin eine Mahnung zur Treue gegen den Verlobten sieht 45,101. — Das im Herbste herabfallende Laub leiht dem Dichter eine passende Anknüpfung an die dichten Schläge zweier Helden Inn. II:7,17. III:745. Fur. 30,51, an die Rüststücke, welche durch die Luft fliegen Inn. I:16,13, wie die ersteren Vergleichungen bezeichnet nur eine deutlichere Vorstellung des Quantitätsbegriffes II:11,52. Eine vortreffliche Anwendung machte der Dichter von dem sich vor dem Winde ansammelnden Laube für die anschauliche Wiedergabe des anwachsenden und ganz Frankreich durchlaufenden Gerüchtes Fur. 45,112. Die Farbe des welken Blattes hat in Fur. 32,47 (cf. 27,51) einen symbolischen Zug bekommen. — Den Garten, der in dem Frühling grünt, im Herbste aber verlassen und öde ist, nimmt Bradamante als eine Deutung ihrer eigenen Verlassenheit, nachdem Ruggiero davon gegangen ist* 45,26.

Der Sturm, der in den Alpen wüthet, die Bäume niederschmettert Inn. II:14,57, und den furchtsamen Bauer überrascht Inn. II:24,56/7, giebt eine gelungene Vorstellung von der Schlacht, ähnlich wie wenn das Niederkrachen der Bäume dem Sturze Rodomonte's gegenübergestellt wird Inn. III:8,39. — Der Märzsturm, welcher zwischen zwei Bergen daherbraust und den Wald heimsucht, ist auf die verderbenbringende Wirkung von Mandricardo's Schlägen bezogen *Fur. 24,63. Als ein characteristischer Gegensatz zu der Beweglichkeit des Blattes, bringt der Widerstand der Eiche und Pinie gegen den Wind Ruggiero's Widerstand gegen Bradamante's Streiche 45,73, und die innere Festigkeit Filandro's gegen die

Bitten Gabrina's *21,16 zur Anschauung. Von dem Kleineren zum Grösseren fortschreitend geht der Windstoss dem Sturm, wie Rinaldo seinen Truppen vorauf *16,43. Ein Prachtstück malerischer Ausführung bietet die Erweiterung und Vervollständigung desselben Bildes: *24,99 ist der vom leisen Windhauch bis zum verheerenden Orcan sich steigernden Naturerscheinung der vom Wortwechsel in einen blutigen Waffenausgleich ausartende Zwist zwischen Rodomonte und Mandricardo gegenübergestellt.

Der sanfte Wellenschlag gleicht der auf und nieder gehenden Brust Alcina's Fur. 7,14. Wie nun die Meeresbewegung an Ausdehnung und Kraft zunimmt, der Wind schliesslich die ganze Fläche aufrührt, so wächst der Haufen der Hirten hinter Orlando 24,9. — Ein seltsamer Vorgang ist 27,25 gewählt: der von Berg zu Thal wehende Wind veranschaulicht den Weg Ruggiero's und Marfisa's durch die Schaaren der Christen. — Dieses Phänomen bietet natürlich einen weiten Raum für bildliche Verwerthungen dieser Art: es wird auf den Angriff bezogen: Inn. L:18,55. 23,43. Fur. *45,72. 46,121, auf die Flucht Inn. II:30,49. Fur. 16,68, auf die Streiche Grifone's und Rinaldo's Inn. I:24,8, auf die Schnelligkeit des Pferdes 2,43. nur an einer Stelle erläutert es einen gleichen Vorgang Fur. 8,81. Selbst der zornigen Erregung leiht es eine sehr wirksame bildliche Stütze Inn. I:8,2. 26,28. III:2,49. Fur. 37,77. 46,121. Der Sand, den der Sturm aufwirbelt, versinnlicht den ungleichen Kampf stärker: (Inn. I:1,20). II:7,5. III:4,18. In gewissem Sinne als Umschreibung kehrt das Bild Fur. 33,50 wieder. Der Höhepunkt der Intensität derartiger bildlicher Vorstellungen wird dadurch erreicht, dass der Anlauf der Helden auf den Zusammenstoss zweier Wetter Inn. I:16,10 oder zweier aus entgegengesetzter Richtung hervorbrechenden Winde Inn. I:28,13. II:23,53. 31,28 bezogen wird. Dagegen bleibt der Dichter ganz in der Sphäre des Bildes, wo er die Schaumspitzen der Wellen mit einer weissen Heerde vergleicht Inn. III:1,3, cf. Fur. 41,9. — Die äusserliche Uebereinstimmung zwischen Bild und Gegenstand ist da am reinsten gewahrt, wo das vom Winde bewegte Getreidefeld und die hin und herschwankenden Wellen des Meeres auf die wankenden Schlachtreihen der Saracenen bezogen werden Fur. 16,68. — So wirkungsvoll gerade in Hinsicht auf die bildliche Anschauung derartige Gleichnisse sind, so können sie doch weniger eine natürliche, als vielmehr übertriebene Vorstellung des verglichenen Vorganges vermitteln. — Eine Anschaulichkeit konnte nur dadurch erreicht werden, dass das Bild selbst einfachere, der Vorstellungskraft angemessenere Beziehungen bot. — Daher veranschaulichen dieselben epischen Vorgänge wirkungsvoller: die die Meereswogen theilende Strom Inn. I:11,1. II:23,59. III:4,31 oder der vom Berge herabstürzende Fluss II:31,38, welcher Felsen und Bäume fortreisst, und in der Ebene Felder und Wiesen überschwemmt Inn. I:10,54. 28,13. — Fur. 37,110 soll das Entgegengesetzte geschildert werden: der im Frühling durch Niederschläge angeschwollene Strom ist im Sommer so weit versiegt, dass sogar ein Kind ihn sicheren Fusses durchwaten kann; ähnlich verhält es sich mit Margunorre, welcher, nachdem er gefesselt ist, von Kindern furchtlos und ungestraft angetastet wird. Fur. 40,31 s. weiter unten. In ihrem Schmerze um Ruggiero's Abwesenheit glaubt Bradamante eher, dass das Wasser bergan fliesse, als dass sie ihre Treue verletzen könne 44,62.

Das langsame Aufsteigen einer dunkeln, regenschwangeren Wolke welche die Sonne verbirgt, ist sowohl auf das langsame Heranschwimmen der Orca* 11,35 als auf den Unmuth der Dame über den harten Richterspruch des Schlossvoigtes *82,100 angewandt.

Wie Reif und Schnee vor dem Sonnenblick hinschmelzen, so verzehrt sich Fiordespina Inn. III:9,3 oder Angelica Fur. 19,29 vor Liebesschmerz, und so nachgiebig sind auch die Frauen gegen die Gewalt Inn. I:12,89. Noch kunstvoller ist der Jahreszeitenwechsel, wenn des Frühlings weiche Luft und milde Winde das Eis zerbrechen, mit der Willfährigkeit Bradamante's gegen die Bitten Ruggiero's 36,40 verknüpft.

Das Schauspiel des die Sonne verdunkelnden Nebels hat Ariosto in Beziehung zu den Bemühungen der alten Schriftsteller gesetzt, welche den Ruhm der Frauen geflissentlich unterdrückten 37,3. In demselben Vorstellungskreise bewegt sich Lurcanio, der die Frauen nicht mehr achtet als der Wind den Nebel 5,53.

Um dem Leser eine möglichst sinnliche Vorstellung von der Büste Olimpia's zu geben, vergleicht der Dichter den Raum zwischen den Brüsten (welche weiss wie Milch sind, die man aus Binsengefässen nimmt), mit waldigen Thälern zwischen kleinen Hügeln, in deren Gesträuch Schnee liegt Fur. 11,68.

Die Sonne als der das Universum schmückende und die Sterne erleuchtende Himmelskörper dient der vergleichenden Bezugnahme auf den Hof von Ferrara 3,57. 41,3. 44,10, auf Rinaldo im Gegensatz zu seinen Brüdern 30,90, auf Orlando und Rinaldo in Hinsicht auf die 3 Könige aus dem Norden 32,56.

Der Hof von Este glänzt wie die Sterne vor dem Morgenrothe Inn. III:9,2. Aehnlich ist auch das Verhältniss des Lichtes zur Sonne aufgefasst: in der Dunkelheit macht es die Gegenstände erkennbar, wie die Treue alle Tugenden deutlich zeigt Fur. 32,39; in der Tageshelle aber ist es kraftlos, wie Bradamante's Argwohn, der erst nach der Abreise Ruggiero's wieder hervorbricht 45,37, in gleichem Masse verdunkelt Franz I. den Ruhm der übrigen Fürsten 26,43. Das Gefühl der Einsamkeit in Montalbano sucht Bradamante in entsprechenden Bildern auszumalen: von der Sonne, wenn sie die Tage verkürzt 45,26 oder am Horizonte verschwunden, die Furcht im Herzen wachruft *ib. 36 und alle Vögel zum Schweigen bringt, zugleich aber auch die heulenden Winde weckt ib. 38. — Bojardo deutet die Nothwendigkeit des Wechsels von Unglück und Glück im menschlichen Leben an dem Wechsel der Tageszeiten Inn. I:25,52 (cf. Fur. 37,7). — Ein äusserer Zusammenhang waltet zwischen den Gleichnissen des von einem Hauche verlöschenden Lichtes Fur. 29,64, des von einer Wolke verdeckten Sonnenlichtes 11,6 und des beim Erwachen schwindenden Traumbildes 12,59/60 ob, dadurch dass sie insgesamt das plötzliche Unsichtbarwerden Angelica's mit Hilfe des Zauberringes vorstellen. Was das letzte Bild anbelangt, so ist Fur. 15,78 und Inn. III:8,32 zu vergleichen. Zu der ersten der ebengenannten Vergleichungen stimmt es sehr wohl, wenn der Tod Zerbino's auf ein Licht bezogen wird, das aus Mangel an Wachs erlischt Fur. 24,85, und das Schicksal der Hilfstruppen Franz I. unter demselben Bilde angedeutet wird 33,54. (cf. 26,43). Die

Unruhe Orlando's, als er an Angelica denkt, ist dem von dem Sumpfe gegen die Dächer und Wände des Hauses hin reflectierten zitternden Mondlichte ähnlich 8,71.

Die Schnelligkeit und Wirkung des Blitzes dient öfter zur Erläuterung einer unglaublichen Kampfesthat *37,102 Inn. III:4,21. — Eine ausführliche Schilderung von der Wirkung des in eine Lagerstätte von Pech und Schwefel niederfahrenden Wetterstrahls übertreibt die Vorstellung von Orlando's Fall Fur. 9,78;9. in demselben Sinne veranschaulicht der Process einer Minensprengung das Gemetzel Ruggiero's und Marfisa's in dem Haufen der Mainzer *27,24. Die Beziehung desselben Vorganges auf die verheerende Wirkung der Bombe lag wohl näher Inn. I:11,1. Fur. 19,83; 25,14 ist sogar auf ein specielles historisches Ereignis hingewiesen. Die Raketen, welche bei fröhlichen Festen aufsteigen, werden auf die Schnelligkeit zweier Renner bezogen 21,9.

Das Feuer gleicht in seiner Entwicklung vom glimmenden Funken zu der hohen Flamme und wieder bis zum Erlöschen dem Menschen Inn. II:1,53. Wenn auch eine Zeit lang verdeckt, so bricht es doch mit verdoppelter Macht hervor, wie der Dämon in dem Pferde Angelica's Fur. 8,34. — Im concreten Sinn dient seine unwiderstehliche Wirkung im Stroh oder Reisig der lebhaften Schilderung der Schlacht Inn. I:16,54. 20,38. II:23,61. 24,60. III:4,31. Fur. 14,48,122. 26,16. (cf. Inn. II:30,44); in abstractem Sinn ist dasselbe Bild der Reflex der Liebesleidenschaft Inn. II:23,11. Fur. 10,11. (cf. ib. 7) und des Zornes* 26,103. 27,78. Besonders gelungen sind dem sich allmählich vorbereitenden Angriff der Ebudeser die sich untereinander entzündenden Fackeln entgegengestellt Fur. *11,47.

Der Ansturm der Afrikaner ist an dem das künstliche Hemmniss durchbrechenden Wasser im Bilde veranschaulicht *18,154. Als echter Phrasenheld weist Mandricardo mit seiner unverwüstlichen Kraft auf die nie versiegende Quelle hin 26,109. Durchaus sententiösen Gepräges ist, dass Rodomonte durch wiederholtes Bereiten des Steges seine Widerstandsfähigkeit zu vermehren glaubt, da das Wasser den nach dem Weingenuss begangenen Fehler wieder gut mache 29,87.

Der Preis indess gebührt dem einfachen Gleichnisse *23,113: wie der mühsam verhaltene Schmerz Orlando's einen nur schwachen Ausweg in Klagen und Thränen findet, so rinnt auch das in einem weitbauchigen Gefässe eingeschlossene Wasser nur tropfenweise aus dem engen Halse — wohl das wunderbarste Bild des ganzen Gedichtes.

Wenn nun der Flug des Vogels zur Vergleichung der Stromfahrt eines Bootes herangezogen wurde, so ist das Umgekehrte ebenso natürlich Fur. 4,50. Wie das von Nord- oder Südwind dem Hafen zugetriebene Schiff, so nähert sich die Orca der Speise 10,100. Später zieht Orlando das Ungeheuer hinter sich her, wie man ein Schiff gegen den Strom führt 11,60. (Wenn Mandricardo Rodomonte's eitle Ansprüche auf Doralice mit dem Beispiele des Schiffers, der nach langer Fahrt im Hafen gelandet ist, zurückweist so ist es eitle Phrase 27,109). — Das auf offener See von zwei Winden angegriffene Schiff, welches sich aber dem günstigeren von beiden zuneigt, gleicht Filandro, der die geringere zweier Gefahren wählt *21,53. — Wenn die Wellen sich häufen, in

verstärkter Anzahl das Fahrzeug gefährden, so wird es
Biserta nicht besser ergehn, da den 3 Helden das ganze Heer der Belagerer in die Stadt nachfolgt" 40,29/30. — Die Schnelligkeit, mit
welcher in drohender Gefahr der Vordertheil des Schiffes
über den Wasserspiegel gehoben wird, ist auf Rodomonte bezogen, als er sich von dem Anprall wieder erhebt 18,9. In eigenthümlicher Weise legt Bojardo unser Leben als eine Schiffahrt aus, die
»von Stürmen bisweilen unterbrochen ist« Inn. II:27,40.

Der heftigen Brandung wiedersteht der Fels wie Orlando
Rinaldo Inn. I:27,6, Mandricardo Rodomonte Fur. 24,106. Gleich fest
ist Bradamante in der Treue 45,101 sie nennt sich sogar selbst einen
»Felsen wahrer Treue 44,61. — Der Acroceraunus steht dem
Wogenprall und die Pinie dem Nordwind so unbewegt
entgegen, wie Filandro den Bitten Gabrina's 21,16. Die Haut der
Schlange ist ebenso unempfindlich gegen die Schläge Mandricardo's als
der Fels gegen den Stoss des Fahrzeuges Inn. III:2,22. Die den
Amazonen trotzende Marfisa ähnelt der Mauer, die vom Ball getroffen wird Fur. 19,84. — Die im Winde stöhnende Mauer
der Burg und der von Wind umbrauste Fels erinnern an den
Zorn Rodomonte's 18,11 und Marfisa's 36,21.

Wie bei der Belagerung einer Burg die Angreifer vor
den Steinwürfen sich schützen müssen, so vertheidigen sich
Marfisa und Sacripante gegenseitig Inn. II:3,4. — Als Orlando der Orca
den Haspel geschickt in den Rachen geworfen hat, findet der Dichter
in der Burg, in deren Inneres die Feinde eingedrungen
sind, eine passende Anlehnung Fur. 11,39. Zu den letzten beiden
Gleichnissen gehört streng genommen auch das von Odorico zu seinen
Gunsten angeführte Beispiel von der Burg, deren Vertheidigung
er tadellos und ohne Verrath zu üben geleitet haben würde,
wenn er sich auch als Hüter Isabella's nicht bewährt habe Fur. 24,31.

III. Das Bild ist dem Bereich der leblosen (unbeweg-lichen) Körper entnommen.

Die Durchsichtigkeit des Schleiers der Alcina wird an dem Glase
das die Blumen bedeckt, dargestellt Fur. 7,28. cf. Inn. III:1,22. —
Die Gefühle Zerbino's bei dem Wiedersehen Isabella's vergleicht Ariosto
dem Schmelzen eines in der Brust des Jünglings befind-
lichen Eisblockes Fur. 23,64. Als Zerbino's Blut an der glänzenden
Rüstung herabläuft, fällt Ariosto das rothe Band ein, welches
eine weisse Hand auf einen Silberstoff stickte *24,66. —
Angelica's schamgeröthete Wangen gleichen dem mit Purpur be-
sprengten Elfenbein 10,98. — Edelstein und Elfenbein kann
wohl gespalten werden und neue Formen annehmen, ein
bleierner Meissel eher den Diamant bearbeiten, als dass Bradamante's Herz breche und den Schlägen des Geschickes nachgebe 44,66,62.
Wie man einen Nagel durch einen andern aus dem Holze treibt,
so soll Isabella aus Rodomonte's Herz entfernen 28,98; in derselben Absicht sucht Ruggiero in fernen Landen nach einer neuen Liebe
45,29. Als Rodomonte zu einem wuchtigen Schlage gegen Mandricardo
ausholt, gleicht er dem Stahlbogen, der je schwerer beladen, mit
desto grösserer Gewalt losschnellt und den erlittenen

Druck durch eine ungleich stärkere Wirkung übertrifft *24,103.

Um eine deutliche Vorstellung von der Fügsamkeit der weit verstreuten Glieder Orrilo's zu geben, deutet der Dichter auf die einzelnen Tropfen des Quecksilbers hin, die sich leicht von einander trennen und ebenso leicht wieder vereinigen *15,70. Als wenn in der Schmiede das glühende Eisen geschlagen wird, so trifft Rinaldo Baliverzo's Helm Inn. I:4,64/5 (cf. II:15,39). Brandimarte's klaffender Helm, hätte nicht besser geschützt, wenn er von Holz gewesen wäre Fur. 42,12. Der das Korn zermalmende Mühlstein dreht sich nicht scheller als Sacripante sich bald hierher bald dorthin besänftigend wendet 27,79.

Dass Ariosto auch Unlauteres in die Vergleichung hineinzog, beweist Fur. 28,54, wo der abwechselnde sinnliche Genuss Giocondo's und Astolfo's mit den einander ablösenden Blasebälgen verglichen ist. In gleich launiger Weise kleidet er dergleichen sonst gern in metaphorische Hülle wie 8,49/50. 25.66. 28,64/7. In Bezug auf seinen Vorgänger (Inn. I:22,25/6. 24,44) muss ihm auch hier der Vorrang gelassen werden.

Die ansteigende Vergleichung[1]) begegnet im Grunde genommen zweimal, da Fur. 13,71 nur von einem Verhältnis des Geistigen zum Geistigen gesprochen werden kann, wenn die Tugenden Lucrezia Borgia's auf den in einem neuen Gefässe eingeschlossenen Geruch bezogen werden. — Anders dagegen 41,1, wo das Geschlecht der Estenser mit dem andauernden Wohlgeruch in einem schönen Gewande verglichen wird, und Inn. I:17,4 ist die Unmöglichkeit einer von dem Körper getrennten Existenz der Seele auf die Prasildo unerträgliche Trennung von Tisbina bezogen.

Sowie wir es vorher bei der formalen Gliederung der Gleichnisse in der Ordnung fanden, die gehäuften Bilder von den einfachen oder Einzelbildern zu trennen, so wenig dürfen wir — schon in Uebereinstimmung mit derselben Unterscheidung bei der stofflichen Uebersicht der Vergleiche — nunmehr an der einmal beobachteten Gliederung vorübergehen. Da die angezogenen Gegenstände sich grösstentheils mit denen der einfachen Gleichnisse decken, so genügt eine verkürzte Wiedergabe völlig. Warum aber den gehäuften Bildern im Gegensatz zu den gehäuften Vergleichen eine besondere Stelle eingeräumt ist, dürfte durch die weitläufigeren und kunstvolleren Beziehungen des Gleichnisses hinlänglich gerechtfertigt sein. Trotzdem durch den Eintritt einer zweiten Gegenüberstellung die Ausführung sowohl der ersten als auch der an zweiter Stelle einzuführenden Vergleichung beschränkt ist, so verleugnet sich der eigenthümliche

1) cf. p. 92.

Charakter des Gleichnisses keineswegs: es sind auch hier stets
compliciertere Verhältnisse, welche mit der verwandten Vergleichs-
form nichts mehr als den vergleichenden Begriff gemein haben.

a) Gegenstände gleicher Gattung sind mit einander verbunden.

Bauer im rothen Pallium laufend, furchtsame Hirtin vor
der Schlange fliehend-Angelica vor Rinaldo fliehend Fur. 1,11. —
Jäger, den Wald umzingelnd, Fischer zu Volana, die Netze
ausspannend-Cimosco, Orlando von allen Seiten einschliessend
9,40. — Kind unter Blumen, Dame auf dem Balle-Marfisa in der
Schlacht 18,112. — Tiger in der Schafheerde, Wolf zwischen
Ziegen und Lämmern-Rodomonte in den Scharen der Christen 16,23. —
Wolf in der Schafheerde, Löwe in der Ziegenheerde-Rinaldo
unter den Saracenen 31,58. — Wolf und Lamm, Adler und Taube-
Atlante, Bradamante vorgeblich entführend 11,20. — Getretene
Schlange, verwundeter Löwe-Mandricardo zornig nach einem
empfangenen Hiebe 30,56. — Schlange, in einen sie durch-
bohrenden Spiess beissend, Hund in einen vorgeworfenen
Stein beissend-Marganorre, Drusilla's Leichnam tretend* 37,78. —
Kraut gegen die Sichel, Getreide gegen den Wind wehrlos-
Saracenen gegen Rinaldo 16,50. — Aepfel vom Baume, Blüten
vom Stil pflückend-Orlando dem Hirten das Haupt abschlagend 24,5.

b) Gegenstände verschiedener Gattung sind mit einander
verbunden.

Vom Winde bewegtes Getreidefeld, wogendes Meer-
Scharen Agramante's 16,68. — Wellen, am Ufer sich brechend,
Laub, vom Winde getrieben-Gerücht sich durch Frankreich ver-
breitend 45,112. — Acroceraunus den Wogen, Pinie dem Nordwind widerstehend-Filandro taub gegen Gabrina's Bitten 21,16. —
Unbeweglichkeit der Eiche und Mauer im Winde, des
harten Felsens im Meere-Ruggiero's Widerstand gegen Bradamante's
Schläge 45,73. — Zwei Winde am Himmel oder im Wasser, ein
vom Berge herabstürzender Fluss-Kampf Orlando's und Rinaldo's Inn. I:28,13. — Geizhals, seinen Schatz verschliessend,
Löwen, Bären und Schlangen eingesperrt-Isabella ins Kloster
gehend Fur. 28,100. — Salpeter oder Schwefel von Feuer
ergriffen, Meer vom Winde bewegt-Zorn der drei Damen
Logistilla's 10,40. — Zwei kämpfende Löwen, zwei Gewitter-
Ferraù und Argalia kämpfend Inn. I:2,2. — Prospect einer geschmückten Bühne, Sonne aus trüben Wolken hervor-
brechend-Bradamante's Antlitz nach Abnahme des Helms sichtbar werdend
Fur. 32,80.

Was wir vorhin über die Stoffe des Vergleiches sagten,
gilt mit weit mehr Recht von denen der Gleichnisse. Eine
Fülle von treffenden Beziehungen und zu einer anschaulichen
Schilderung vorzüglich geeigneten Vorgängen setzt uns in den
Stand, ein über die Kunst beider Dichter verallgemeinertes

Urtheil zu fällen. Den Zweck, die Vorstellung der von dem
Gleichniss illustrierten Handlung zu erleichtern, erfüllt die
Mehrzahl der angeführten Beispiele, allerdings mit dem für
beide Gedichte charakteristischen Unterschiede, dass in dem
jüngeren als der eigentliche Zweck die als wirklich hingestellte
Aehnlichkeit im Auge behalten ist, während die Gleichnisse
des älteren die nöthige Klarheit im Kleinen und Einzelnen bisweilen vermissen lassen, auch wohl sogar den eigentlichen
Vergleichspunkt verlieren. Ohne Widerrede zeigt Ariosto
ebensoviel Geschick als Sicherheit, verwandte Beziehungen her-
zustellen und sie durch eine kunstvolle Detailmalerei noch
schärfer hervortreten zu lassen. Gerade hierin ist er seinem
Vorgänger um ein bedeutendes voraus. Aber auch in der
Erfindung kunstreicher Anlehnungen ist er nicht minder glücklich. Naheliegendes und scheinbar Identisches verknüpft er
mit derselben Leichtigkeit, als er völlig disparate Beziehungen
in Hinsicht auf einen höheren Gesichtspunkt zu einem gelungenen
Bilde vereinigt. Die ausführliche Inhaltsangabe enthebt uns
jeder weiteren, speciellen Bezugnahme. — Abgesehen von
kleinen Ungenauigkeiten, den geringfügigen Verstössen gegen
die Folgerichtigkeit der einzelnen Umstände, deren später Erwähnung geschehen wird, sei die Verbindung von ungleichartigen Gegenständen in den gehäuften Bildern kurz skizziert.
Hier stossen wir bei beiden Dichtern auf eine seltene, obwohl
erklärliche Freiheit der Ideenverknüpfung. Es dient ja nur zu
einer möglichst vollkommenen, lebendigen Veranschaulichung,
wenn verschiedene Vorstellungen für einen Vergleichspunkt
herangezogen werden, und je verschiedener sie sind, desto eher
kann bisweilen auch der Zweck erreicht werden. Aber die
Freiheit hat ihre Grenzen: es ist durchaus nicht lobenswerth,
wenn Bojardo die Wirkung zweier Winde mit der Verheerung
eines reissenden Stromes verbindet, um uns den ungestümen
Zweikampf Orlando's und Rinaldo's zu schildern; denn die
letzte Vergleichung kann sich eigentlich nur auf einen Helden
beziehen, nachdem die vorhergehende ganz richtig die ent-

sprechende Zahl festgehalten hatte (cf. Inn. I:2,2). Ferner muthet Ariosto der Einbildungskraft zu viel zu, insofern er den Reiz von Bradamante's unverhülltem Antlitz erst mit einer festlich beleuchteten Scene und dann noch mit der aus trüben Wolken hervorbrechenden Sonne vergleicht.

Wenn Vischer die epische Vergleichung und die Episode unter dem gemeinsamen Gesichtspunkte der Hemmungen, »welche von der Handlung nicht streng gefordert sind«, begreift und von der ersteren sagt, dass sie »es in ihrer ruhigen Objectivität liebe, sich in einem Grade zu entwickeln, der weit über den Vergleichszweck hinaus geht[1]«, so können wir dies an den Bildern beider Poeten, vorzüglich Ariosto's bestätigen.

Die mannigfaltige Fülle seines Materials beweist im Gegensatz zu den Darbietungen seines Vorgängers, welcher Reichthum der Beobachtungen ihm allezeit im Dienste seiner Kunst zu Gebote stand, und einen wie hohen Werth er ihnen beizulegen wusste. Dass natürlich einzelnes weniger einen poetischen als rhetorischen Werth hat, ist hier nicht der Raum nachzuweisen. Es sei nur auf die kunstreichen Ausführungen 32;33;44,62—66. 45,34/40 die Aufmerksamkeit gelenkt! Hier würde Bojardo der schlichten proverbialen Verbindung den Vorzug gegeben haben.

Aber auch die sententiöse Gesangseinführung, welche an Ariosto als neu gerühmt wurde, ist Bojardo schon geläufig, wie Inn. I:16,1. 28,1/2. II:9,1/2. 13,1/3. III:7,1/2 beweisen. Ueberhaupt zeigt dieser Poet eine überraschende Verschiedenheit gerade in der Introduction[2]): bald greift er auf das Vorangegangene zurück, bald fordert er die glänzende Versammlung zum gespannten Zuhören auf, bald setzt er »in medias res«. Was für uns hier von Wichtigkeit ist, das sind die einleitenden Vergleichungen; doch können diese nicht ohne weiteres auf die des jüngeren Gedichtes bezogen werden, da eigentlich nur einmal (Fur. 12,1/4) ein wirkliches Bild vorkommt.

---

1) a. a. O. § 870.
2) vgl. P. Rajna: Le Fonti etc. p. 85 f.

Der zweite Theil des Innamorato beginnt mit der sinnigen Gegenüberstellung der Lenzespracht und - Freude, die durch den
Winter jäh gestört wird, und der glänzenden Ritterzeit, welcher
die Mitwelt des begeisterten Sängers unverdientermassen ein schmachvolles
Ende bereitet hat. Inn. II:18,1/2 vgl. p. 81. Dasselbe Naturbild verherrlicht
auch den Hof zu Ferrara Inn. II:8,1/2. — 19,1/2 erinnert sich der Dichter,
wie er an einem schönen Maimorgen am Meere sitzend, ein
Mädchen so süss habe singen hören, dass die Weise ihm
nimmer aus dem Herzen geschwunden sei, und wenn er mit
gleicher Sangesgabe ausgezeichnet sei, wolle er gern seine Kunst der
Versammlung anbieten; so singe er zwar gerne, aber er könne nur
gebeten über das, was er besitze, verfügen. Diesem Gleichnisse schliesst
sich das p. 75 angedeutete von selbst an: der süsse Gesang Arion's,
welcher sogar Thunfische und Delphine angelockt habe, ver-
diene gewiss Bewunderung, aber noch mehr Gunst werde seiner eigenen
Leier zu theil, welche die Macht besitze, den Hof von Ferrara herbei-
zuziehn; daher erachte er es für eine Gnade des Himmels, seine Geschichte auf seine Manier vor einer so erlauchten Zuhörerschaft vortragen
zu dürfen Inn. II:27,1/2. — In allen diesen Einleitungen wird der lyrische
Dichter der Sonette und Madrigale bald erkannt. Es sind durchweg
Gegenstände der erotischen Poesie, die er mit der epischen verbinden
will — das Kennzeichen des romantischen Epos. Bleibt Ariosto hier
hinter Bojardo völlig zurück, weil er nichts Gleichartiges bieten kann, so
nähert er sich ihm da, wo das Gedicht selbst der Ausgangspunkt einer
ausführlichen Vergleichung geworden ist.

Das Bild des Schiffers, der zum ersten Male sich den Wellen
anvertraut, daher an der Küste bleibt und erst bei einiger
Sicherheit in das offene Meer hinaus steuert, veranschaulicht
den Dichter selbst, der im Anfange seiner Erzählung nur der Küste
folgte, jetzt aber in der Schilderung des Kampfes in den offenen Ocean
treibt Inn. II:17,1,8. Aber noch in anderer Hinsicht nimmt dieses Bild unser
Interesse näher in Anspruch: es leitet den Uebergang zur Haupthandlung ein.
Ruggiero, die Nebensonne Orlando's in beiden Gedichten, tritt zum ersten
Male handelnd auf: das Gleichniss bildet gewissermassen den summarischen
Prolog zu der nachfolgenden Erzählung, zu der Ruggiero's Thaten den
Hauptstoff liefern. — Im Anfang des dritten Theiles freut sich der
Dichter vor der erlauchten Versammlung nach den Stürmen des Krieges
wieder singen zu dürfen, wie auch der Schiffer den Anblick des
stillen Meeres und des heiteren Himmels nach einer gefähr-
lichen Nacht geniesst. Ariosto theilt dieselbe Auffassung, wie schon
p. 79 angedeutet wurde; besonders wirkungsvoll ist dieses schlichte Bild
in Uebereinstimmung mit dem Zwecke seines ersten Auftretens, durch
geschmackvolle Zuthaten vermehrt, im letzten Gesange des Furioso als
Epilog verwandt: der Sänger ist am Ende seiner Fahrt; von ferne
winkt der heimische Hafen, und an dem Ufer begrüssen holde
Frauen, einflussreiche Gönner, vertraute und gleichgesinnte
Freunde den Weitgereisten 46,1/19. — In metaphorischer Gestalt
war diese Vorstellung 13,61.73 schon benutzt. ib. 81 und 2,30 spricht
Ariosto von seinem Gedichte als von einem Gewebe mit mannig-
faltigen Fäden — unbestritten der passendste Vergleich in Bezug auf
Inhalt wie Anordnung des Furioso.

Beide Poeten vergleichen sich selbst als Schöpfer und ihre Dichtung
als Schöpfung mit dem Sänger, der die verschiedenen Saiten der

Leier zum Vortrage gebraucht Fur. 8,29. (29,74). Inn. II:6,1. 27,1. III:9,1.
Bojardo geht noch weiter: sein Gesang von Waffen und Liebe gefällt
dem stolzen Muth und dem edlen Herzen, wie die verschiedenen
Blumen des Strausses dem Auge Inn. III:5,1. Die Freude des
guten Renners, beim Zeichen zur Schlacht, wird ein Abbild
des empfänglichen Gemüthes, welches den Erzählungen ritterlicher Thaten
lauscht. II:24,1/2.

Bojardo, der sonst auf dem Gebiete der epischen Vergleichung hinter dem kunstgewandteren Schöpfer des Fur.
zurücksteht, stellt ihn gerade in der vergleichenden Gesangseinführung in Schatten. Was will das heissen, wenn Ariosto
statt einsam in bescheidener Barke in den Ocean hinauszusteuern,
auf einer stolzen Fregatte heimkehrt, unter einem Ehrengepränge
glänzendster Art, oder wenn er sein Erzählertalent mit der
Kunstfertigkeit des Zitherspielers und der Geschicklichkeit des
Webers vergleicht? Die heitere Abwechselung von den einen ritter-
lichen Geist ansprechenden Gegenständen bei Bojardo, der mit Leib
und Seele bei der Sache ist und trotz gelegentlicher humoristischer
Ausstellungen — die aber den Gesamteindruck keineswegs
stören, vielmehr nur neue und scharfe Schlaglichter auf das
Einzelne werfen — von begeisterter Hingabe an den Stoff be-
seelt ist, dieses so wohlthuende Feuer fehlt Ariosto ganz. Wie
in der Anordnung der Abenteuer, in der er ohne Gleichen da-
steht, so verlässt Ariost im Gegensatz zu dem Enthusiasmus des
Grafen von Scandiano, auch in den für sein Gedicht als solches
herangezogenen Gleichnissen kaum seinen wesentlich verschiedenen, ironisch-skeptischen Standpunkt [1]).

Bisweilen genügten indess solche generellen Bezugnahmen
nicht. Wo die geschilderten Örtlichkeiten oder Vorgänge teils
dem Leben selbst entlehnt waren, teils die Wirklichkeit hart
streiften, war eine directe Anknüpfung an das, was die Ge-
staltungskraft des Dichters beeinflusst hatte, geradezu unab-
weisbar. Ein solcher Hinweis gab der Vorstellungskraft des

---

1) Obwohl diese Gleichnisse keine neuen Stoffe beibringen, sondern
nur in der Anknüpfung von den vorhergenannten Gleichnissen abweichen,
so litt doch ihr gemeinsamer Zweck ebensowenig eine Vereinigung mit
ihres Gleichen als eine Trennung der in derselben Absicht herangezogenen
Gegenstände.

Geniessenden einen bestimmten Inhalt und leistete der Schilderung selbst hervorragende Dienste. Dergleichen Anknüpfungspunkte bieten sich ausserdem in den Sitten, Gebräuchen und Lebensgewohnheiten einzelner Landschaften. Eine originelle, vorwiegend humoristische Manier kennzeichnet Bojardo.

Die Gefangenkost Rinaldo's besteht aus drei Unzen Zwieback ohne Fenchel, dazu muss er Wein entbehren, so dass er lebt wie ein Florentiner, der im Rufe der Mässigkeit stand Inn. II:10,50[1]). Die Wirte können sich vor den Foppereien Brunello's ebenso wenig schützen, als es die Spoletanerinnen oder Fulignerinnen vermöchten, die vom Morgen bis zum Abend die Eier hüten[2]) 15,69. Olimpia ist mit schönerer Seide bekleidet, als sie die Florentiner weben Fur. 11,75. Ruggiero, von Alcina mit waibischem Ziernuth angethan, sieht aus, als ob er in Valencia den Damen diente 7,55. Orlando wirft den Tisch so leicht, wie der Spanier das Rohr 13,87.

Die Gewalt von Rodomonte's Hieb vergleicht Ariosto mit der Wucht des Rammbären der die Holzfeiler in das weiche Erdreich am Po, stösst 46,122. — Wenn in den Minen Ungarns oder Spaniens ein unvorhergesehener Zusammensturz das Leben der Arbeiter bedroht, so ergeht es Rodomonte nicht besser, als ihn Ruggiero niederringt 46,136.

Was in diesem Falle die Ortsbezeichnung zu bedeuten hat, wird aus den Parallelstellen 11,38 und 27,24 erkannt. Fur. 27,24 cf. p. 103.

Als Orlando der Orca den Anker in dem Rachen befestigt hat, ist er vor dem Zuschnappen der Kinnbacken so sicher, wie der Bergmann, welcher einem Zusammensturz der Mine dadurch vorbeugt, dass er das herabhängende Gestein stützt 11,38.

Wiewohl beide Male jede locale Bestimmung mit Absicht vermieden ist, so übertreffen beide Gleichnisse das erste (46,136) an Deutlichkeit. Hier ist der Hinweis der Örtlichkeit als müssiger Zusatz zu bezeichnen, ohne dass man Ariosto daraus bedeutende geographische Kenntnisse vindiciren müsste.

Das Getöse der Nillälle wird von dem vor Paris tobenden Kampfeslärm erreicht Fur 16,56. Die reissenden Wasser des Po, welche die Heerden verschlingen, versinnlichen die Masse der in Biserta eindringenden Christen 40,31/2. Die Fluthen desselben Stromes, nachdem er die Nebenflüsse aufgenommen hat, werden auf den Zorn Ruggiero's und seiner Begleiterinnen bezogen, als neue Schandthaten Marganorre's berichtet werden 87,92. (vgl. ib. 110). Weniger Werth hat die örtliche Bezugnahme 89,14 wo zwei durch die

---

1) Vgl. Panizzi, Regis a. a. O.
2) So erklärt Regis p. 351; Panizzi erklärt die Stelle für unverständlich.

schmelzenden Schneemassen auf dem Apennin erzeugten Ströme hinsichtlich ihrer verderbenbringenden Wirkung auf Bradamante und Marfisa angewandt werden.

Die Scheidungslinie zwischen Alcina's und Logistilla's Gebieten wird an der englisch-schottischen Grenze erläutert Fur. 6,45.

Von Atlante's Schloss auf den Pyrenäen eröffnet sich ein Ausblick nach Spanien und Frankreich hinein, gleichwie man von dem Joch des Apennin über Camaldoli das Toscanische und Adriatische Meer sieht 4,11.

Auf eine besonders anziehende Weise weiss Ariosto Wahrheit und Dichtung da zu verbinden, wo er der eigenen Erfahrung folgte; Erlebtes und Erdachtes verbindet sich zu einem reizvollen Bilde.

Die rings von einem Flusse umgebene Insel, auf der Doralice bewacht wird, stellt sich der Dichter als das von dem Tiber unterhalb Otricoli umschlossene Eiland vor Fur. 14,38. Das Schloss, in dessen Nähe die Zweikämpfe der Helden Agramante's ausgefochten werden, ist dem an der Strasse nach Borgo ähnlich 27,47. Und gedachte der dankbare Poet nicht auch in demselben Sinne der Gastlichkeit der reichen Abtei von Vall'ombrosa (22,26), »cortese a chiunque vi venia«!

Dagegen stehen die localen Bestimmungen bisweilen auch in dem Sinne eines epitheton ornans, als rein äusserliche Bestimmungswörter. Einige dieser Zusätze verdankt Ariosto alten Autoren, die Manier selbst der eifrigen Lektüre classischer Schriftsteller, insonderheit Virgil's. Bei Bojardo finden sich derartige Ortsbestimmungen selten und zwar weniger als unterscheidende Merkmale denn als typische Beiwörter.

Alpenlawine Inn. II:14,57. Alpenbär 30,37. Schnee des Apennins Fur. 39,14. Ebenen Apuliens Inn. II:24,60. Das Wildschwein von Mallea Fur. 14,120, der von Russen oder Lithauern geführte Bär *11,49 sind theils überlieferte Angaben, theils stützen sie sich auf des Dichters eigene Erfahrung.

Andere Beziehungen sind auf *antike Quellen* zurückzuführen.

Der Wolf am Galeso bei Falanto 31,58 ist Horazisches Eigenthum Od. II:6,10, sogut wie der Wolf Apuliens Fur. 7,14 (Od. 1,22). Die Ziege am Cinyphius 31,58 erwähnen Virgil Georg. 3,312 und Martial 7,94,13. 8,51,11.

Der hyrcanische Tiger *Fur. 16,23 ist Aen. 4,367 enthalten; für die allgemeine Verbreitung dieses Ausdruckes sei auf Shakespeare's Hamlet II,2.472; Macbeth III,4.101 verwiesen. Der Löwe der numidischen und massylischen Wälder Fur. 8,22 begegnet Statius Sylvae II:5,8. Die Rose von Pästum Fur. 37,28 war sogar sprichwörtlich nach Virg. Georg. 4,119 geworden (Ov. Met. 15,708).

Für die Entlehnung der Vergleichung vom Acroceraunus Fur. 21,16 ist Horaz Od. I:3,20 Gewährsmann.

Dagegen ist es zweifelhaft, ob der Wolf am Berge des Typhoeus
Fur. 16,23 gleicher Weise eine klassische Reminiscenz ist [1]).
Eine gleiche Tendenz, die Beziehungen zu präcisieren, liegt
in dem Hinweis auf eine zu des Dichters Zeit übliche Sitte.

Um eine deutliche Anschauung von dem Aussehn des von Marfisa
durch Seiten und Hüften getroffenen Ritters zu geben, erinnert Ariosto
an die silbernen und wächsernen Statuen, welche die Leute
von nah und fern aus Dankbarkeit Heiligen stiften Fur.
19,86. Dasselbe Bild, nur in anderer Beziehung, findet sich 40,36 auf
den starr am Boden liegenden Ruggiero bezogen. Im Gegensatz zu dem
Vergleiche Fur. 20,22 ist hier der Gattungsbegriff mit dem Artbegriff
passend vertauscht.

Nachdem die Inhaltsangabe der Gleichnisse im wesentlichen
und zum weitaus überwiegenden Theile erschöpft ist, scheint
es geboten, die bislang- versäumte Gliederung nach lediglich
formalen Gesichtspunkten vorzunehmen. Die Mannigfaltigkeit
der Vergleichspunkte bedingte von vornherein eine entsprechende
Anzahl der zur Vergleichung heranzuziehenden Objecte, welche
wir, nach unserem Schema, in drei Gruppen zerlegen können.
Zumeist sind Personen mit geistig belebten Wesen oder be-
weglichen Gegenständen verglichen; die Beispiele, in denen Thiere
oder leblose Gegenstände unter einander oder die ersteren
mit letzteren verglichen sind, treten dagegen völlig zurück.
Dinge ohne wahrnehmbare äussere Bewegung sind natürlich
selten auf belebte Wesen bezogen. Die Setzung zwischen
Gleichartigem, welche z. B. ausschliesslich in der ersten Gruppe
vertreten ist (p. 92—94), scheint auf den ersten Blick vielleicht
weniger kühn und anschaulich als die Beziehung zwischen Un-
gleichartigem, aber dennoch erreicht sie, vermittels treffender
Nebenbeziehungen und -Umstände sehr wohl die Lebendigkeit
und Anschaulichkeit der anderen Vergleichsart. Die belebten
Wesen treten natürlich individualisiert auf, sobald sie zur
Vergleichung herangezogen sind, und die unbelebten, geschlechts-
losen Dinge folgen ihrem Beispiele. Ariosto trifft das rechte,

1) Nach der Vorstellung der Alten kann der Ausdruck sowohl auf Ischia
als auf den Aetna bezogen werden. Nach dem wohl nicht unanfechtbaren
Zeugniss italienischer Interpreten soll die erstere Örtlichkeit gemeint sein,
deren auch an anderen Stellen des Gedichtes gedacht ist. Vgl. p. 79,
wo auch die auf Sicilien bezüglichen Stellen erwähnt sind.

wenn er die allgemeinste Form der Vergleichung, welcher Bojardo in einer Menge von Belegen huldigt, auf eine geringe Zahl beschränkt hat. — Hinsichtlich der Wahl der Vergleichsmittel unterscheiden sich beide Dichtungen kaum: der einzige Unterschied liegt in der Ausbildung der einzelnen und kleinsten Momente seitens Ariosto's und in dem skizzenhaften Entwurfe des Bildes als Ganzen seitens Bojardo's.

Während die »absteigende Vergleichung«, welche einen abstracten Gegenstand auf ein concretes Bild bezieht, hinreichend Belege vertreten Inn. I:18,44. 25,52. II:27,40. Fur. 21,53; 23,113; 24,2,39,91; 26,43,103; 28,98; 32,39; 45,29,36,112; ist die »aufsteigende Vergleichung«, welche einen concreten Gegenstand auf ein abstractes Bild bezieht, beiden Dichtern sogut als unbekannt [1]). In den Beziehungen, welche in den absteigenden Vergleichungen ausgedrückt sind, übertrifft Bojardo seinen Nachfolger an Tiefe der Ganken beträchtlich.

Doch bei allen Gleichnissen kommt es darauf an, dass die Beziehungen von Bild und Gegenstand streng auseinander gehalten sind; die künstlichen, gezwungenen Vergleichungen ziehen leicht eine Vermischung beider Theile nach sich, so dass Object und Subject in einander spielen. Diesem Fehler ist Bojardo am wenigsten aus dem Wege gegangen, aber auch Ariosto hat hin und wieder gegen die Reinheit des Ausdrucks verstossen.

Wenn Vischer [2]) dergleichen Ungenauigkeiten in Schutz nimmt, so hat er ein gewisses Recht dazu, denn bisweilen lassen sie sich gar nicht umgehen, wenn der Dichter nicht auf Kosten der poetischen Empfindung in Trivialitäten verfallen will. Abgesehen von unbedeutenderen Versehen, welche der einfache Vergleich infolge seiner knappen Form leicht nach sich zieht, steht einer wirklichen Vermischung von Bild und Gegenstand da am ehesten die Thür offen, wo die pathetische Rede, nach einer theils zu künstlichen Beziehung suchend, theils bei der

---

1) cf. p. 105.
2) a. a. O. § 852.

Einführung des Verglichenen aus der Rolle fallend, die Oberhand über die besonnene Ausmalung gewinnt. Diesen entschuldbaren Fehler begeht Bojardo besonders in den als Gesangseinführungen benutzten Gleichnissen von dem »Frühling und der Ritterzeit« Inn. II:1,1/2, von dem »Blumenstrauss und den erzählten Abenteuern« III:5,1/2, von dem »Schiffe und der eigenen Dichtung« II:17,1/2. Das entsprechende Bild Ariosto's im letzten Gesang steht ebenfalls nicht einwurfsfrei da, obwohl man ihm einen offenbaren Verstoss gegen die logische Beziehung der einzelnen Umstände nicht vorwerfen kann. Wenn Fur. 21,1 in dem verglichenen Satze in Bezug auf das im vorangehenden vergleichenden Satze enthaltene Bild des eine Last haltenden Seiles von einem »unlösbaren Knoten der Treue« (indissolubil nodo) die Rede ist, so wirkt das Bild über die Schranken des Satzes hinaus — es ist hier weniger die Gesangeinführung an sich, sondern das gewählte Bild selbst an der ungleichartigen Anknüpfung schuld.

Hiernach kann es wohl nicht mehr befremden, wenn die in den Monologen eingeflochtenen Gleichnisse Bild und Gegenstand zusammenwerfen: so in Bradamantes Klagen im 44. und 45. Gesange; aus ersterem genügt es auf die Stanze 62 und 66, aus dem folgenden auf die Stanze 37 und 39 hinzuweisen. In erregtem Gespräch findet eine kühne Vernachlässigung der Vorschriften mit gleichem Rechte statt: In Fur. 5,23 erinnert das auf »pertinacia mia« bezogene »di germogliar non resta« allzu deutlich an das metaphorische Gewand, welches das Gleichniss in der ersten Ausgabe trägt. Mit demselben Recht ist die ursprüngliche Form der Vergleichung in Inn. I:8,37. II:27,40. Fur. 44,61 aufgegeben.

Seltener lässt sich der Dichter dergleichen in der ruhigen Schilderung zu Schulden kommen: z. B. wenn Ariosto die Glieder Orrilo's mit den »Gliedern« des Quecksilbers vergleicht. Zu einer offenen Katachrese bricht die lockere Ideenverknüpfung aus, als Orlando in Befürchtungen über Angelica's Schicksal sich ergehend, letztere bald unter dem Bilde der Blume, die böse Knaben abgepflückt haben, und die ihn unter die Götter versetzen könnte, bald als das von Wölfen verfolgte Schaf sich vorstellt Fur. 8,76/7.

Ausser diesen offenbaren Beweisen dichterischer Freiheit verdienen die Fälle eine strenge Prüfung, in denen die gewählten Beziehungen allzu künstlich und daher in der Ausführung verunglückt sind. So wenig man einerseits dem in Anbetracht der Ausmalung der einzelnen Momente gelungenen Bilde Fur. 44,92 seine Anerkennung versagen kann, ebensowenig darf andererseits die Unnatürlichkeit und Gezwungenheit der Beziehungen selbst zwischen Leone's unbegreiflicher Neigung zu seinem Feinde und dem die züchtigende Hand seiner Mutter küssenden Kinde geleugnet werden. Völlig unklar bleiben die dem Verständniss sehr nachtheiligen Umgestaltungen der ursprünglichen Form in den vorangehenden Ausgaben in Fur. ³29,37 (cf. ¹,³²7,37) und ³19,79 (¹,³17,79). Eine unglückliche Wahl trifft Bojardo, wenn er das Brüllen des Löwen, nachdem und weil er verwundet ist, in Zusammenhang bringt mit dem zu einem neuen Hiebe ausholenden Agricane, der von Orlando getroffen ist Inn. I:19,6. Ueberhaupt verrät dieser Poet eine eigenthümliche Neigung, durch eine Verkürzung des Gleichnisses zu einem blossen Vergleiche der Form nach die in der normalen Gestalt allein zu Tage tretende Aehnlichkeit zu verdunkeln Inn. I:1,20 (cf. II:7,23), 18,55. In dem Inn. II:3,4/5 benutzten Bilde ist wunderbarerweise das tertium comparationis durch die Nebenbeziehung völlig verdeckt: die Hauptbeziehung tritt scheinbar dadurch in den Hintergrund, dass ein falscher Ausgangspunkt genommen ist. Der in Fur. 1,43 gebotene Ausdruck »fiore... lascia altrui côrre« ist keineswegs aus einer Uebertragung des in rosa liegenden Begriffes zu erklären, sondern die Bedeutung ist durchaus mit der p. 46 gegebenen identisch. Allerdings ermöglichte die Form der Redensart eine innigere und deutlichere Verknüpfung mit dem Ausgangspunkte des Gleichnisses.

Wenn wir anderwärts, wie bei Shakespeare, kühnere, Bilder antreffen, so weist uns das auf die innere Verschiedenheit sowohl der Dichternaturen als auch der Dichtungsgattungen: die seltenen und gewaltigen Bilder stehen dort im Dienste des dramatischen Pathos und binden sich deswegen nicht so streng an die Vorschrift, dagegen malt Ariosto selbst in den Scenen lebhaftester Spannung — Fur. 18,10 ff., 23,102 ff. 46,110/140 u.a. — bis ins Einzelne sorgfältig aus. Und auch hierin tritt Bojardo gegen ihn zurück: die Weite des Ausblicks, welche Ariosto sich durch eine, wenn auch nicht umfassende, so doch gründliche Lectüre der Alten angeeignet hatte, konnte sich hier am besten bethätigen. Wiewohl Bojardo in den alten Litteraturen nicht unbewandert war — denn seine Uebersetzungen des Apulejus, Lucianus, Aemilius Probus [Cornelius Nebus i. e.], Herodot und von Xenophon's Cyropädie setzen schon eine hinlängliche Vertrautheit mit den alten Spachen voraus, um die Originale der Mit- und Nachwelt verständlich zu machen — so hat er doch darum für sein Gedicht weniger Nutzen daraus gezogen, weil sämmtliche Schriftsteller, als Prosaiker, seiner eigenen poetischen Sprache keinen Gewinn bringen konnten, welchen Ariosto in reichem Masse aus den Dichtern des Alterthums zog. Darum findet man der stereotypen Bilder und Bilderstoffe bei Bojardo mehr denn bei Ariosto. Aus der Aufzählung der Gleichnisse wird ein solcher Unterschied schon hervorgegangen sein. Es braucht nur an die Schilderung der Schlacht erinnert zu werden: Das vom Sturme bewegte Meer, der gehetzte Eber, der Löwe liefern jenem Dichter nur bequeme Vergleichsobjecte, welche mehr auf die pathologische Wirkung als auf die malerische Veranschaulichung des geschilderten Vorganges bedacht sind. Anders Ariosto: auch er kennt diese Stoffe, aber er veranschaulicht in der That: Die Bewegung des Meeres, vom leisen Wellenschlag bis zum wilden Orkan, der anschwellende Strom, der beutegierige Löwe, der aus dem Schilfe hervorbrechende Eber nehmen durch seine Behandlung ein neues Aussehn an. Zwar sind auch ihm gewisse Objecte eigenthümlich, wie der Wolf, der das Lamm zerreisst, der Vogel, welcher sich im Garne fängt, die Schlange, welche den Schläfer weckt, doch ist ihre Anwendung nicht immer dieselbe, und stets ist dasselbe Bild durch Hinzufügung neuer und Weglassung bekannter Züge angenehm verändert.

Wenn die Satire des Jüngeren in den biblischen Vergleichungen ans Licht trat [1]), so kann sie sich auch in den Gleichnissen nicht immer hinter dem Berge halten. Gewisse Stoffe hatten durch die gewohnheitsmässige Verwendung einen Charakter angenommen, der jeder anderen Bezugnahme widerstritt. »Wenn Homer seine Helden mit Eseln, Stieren, Widdern vergleicht«, so waren diese Thiere »für die Komik überhaupt noch nicht abgenützt« [2]), indess wusste Ariosto sehr wohl, wie er seine Anschauung von dem Mittelalter gerade hier am deutlichsten, ohne misverstanden zu werden, zur Geltung bringen konnte. Es wäre nun zuviel behauptet, über die einschlägigen Vergleichungen seiner Helden mit Schlangen, Falken, Ebern, Stieren, Bären, Löwen insgemein sei Spott und Ironie ausgegossen. Eine solche Satire würde mehr von dem subjectiven Gefühl des Urtheilenden abhängen, als durch sachliche Belege bewiesen werden können; sie kann daher nur an den auffälligsten Beispielen unanfechtbar dargethan werden.

Dem feindlichen Zusammenstoss Rinaldo's und Sacripante's giebt der Dichter in zwei die Zähne fletschenden und einander anfallenden Hunden ein Gegenbild *Fur. 2,5 [3]), wie er auch die Uebermacht Ruggiero's über den am Boden liegenden Rodomonte an der Bulldogge, die den Fleischerhund unter sich gezwungen hat, veranschaulicht *46,138. — Als Zerbino, dessen Edelmuth und Schönheit stets gerühmt wird, von Gabrina etwas über Isabella erfahren soll, gleicht er dem Hunde, den der Dieb mit vorgeworfenem Brot oder Käse besänftigt 20,139; (vorher liess er die Ohren hängen wie ein müdes Pferd ib. 121) und sein Zweikampf mit Mandricardo ist dem Anlauf des Hundes gegen den Eber ähnlich *24,62. Der wie ein Schwein mit Koth und Schmutz bedeckte Orlando stürzt auf Angelica und Medoro los, wie ein grosser Hund (cagnazzo), welcher den Fremden anfällt 19,42. Auf Marganorre's Grausamkeit gegen die Leiche der Drusilla wird des Hundes wüthendes Beissen in einen zugeworfenen Stein bezogen 37,78. Wenn Martano's Feigheit in dem Hunde, welcher gegen den Wolf mit Gewalt

---

1) cf. p. 86/88.
2) Vischer a. a. O. § 854.
3) Die mit einem Sternchen bezeichneten Stellen sind auch von Bolza a. a. O. genannt, vgl. p. 92 [1]).

vorgestossen wird *17,69 oder sein Aufputz mit Grifone's Rüstung
in dem mit der Löwenhaut geschmückten Esel ib. 112 dargestellt wird, so geschieht dem Feigling sein Recht; ebenso ist die
satirische Absicht unverhohlen, wenn Marfisa und Bradamante als blosse
Zuschauer bei der Flucht der Feinde sich so ungeberdig stellen, wie ein
Windhund, der bei der Verfolgung des Wildes an der Kette
gehalten wird 39,10, oder wenn Orlando und Sacripante, als sie die
Spur der Angelica verloren haben, so verblüfft sind, wie zwei Hunde,
denen das Wild abgefangen ist *12,36. Eine gleiche Bedeutung ist
*29,46 zuzuschreiben, wo Rodomonte's vergebliche Anstrengungen, Orlando
zu Fall zu bringen, denen des dummen Bären, welcher den Baum, von
dem er herabgefallen ist, ausreissen will, gleichgesetzt sind. —
Wie Pulci (Morg. Magg. 24,95) benützt auch Ariosto das Bild der auf-
fliegenden Krähe, hinter welcher ein Hund herläuft, als
Bradamante dem Hippogryphen folgt 4,43. Orlando, der sechs Feinde
mit einer Lanze aufspiesst gleicht dem Schützen, welcher mit einem
Pfeilschuss eine Reihe Frösche trifft *9,69.

Auf eine erfreuliche Wirkung kann der von solchen
Entstellungen unbeeinträchtigte, echte Humor rechnen, welcher
beiden Gedichten mitgetheilt ist.

So wird Fuggiforca, der sich in einer Hecke verwickelt, mit der
Krähe verglichen, die mit den Flügeln zappelt um sich zu
befreien Inn. II:26,59. Dahin gehören die volksthümlichen Wendungen
Inn. III:5,14. 7,35. II:7,27. 9,12. Fur. 24,5. 34,19.

Hier stösst das Gleichnis mit der einfachen, Vergleichung
zusammen, die in diesem Sinne ein gut Theil natürlicher ist,
weil ihre schlagfertige Kürze dem Humor eine leichtere Hand-
habe bietet.

C. Der Vergleich im Verhältnis zum Gleichnisse.

Wie sich nun der einfache Vergleich zu dem Gleichnis
verhält, ohne dass hiermit eine directe Fortentwicklung der
einfacheren Beziehungen zu den complicierteren gemeint sei
oder dargethan werden soll, möge die folgende Zusammstellung
erläutern. Beide Gedichte sind darin ohne Rücksicht auf die
etwaigen Einwirkungen des früheren auf das spätere behandelt.
Die Anordnung geht von dem sowohl dem Vergleich als auch dem
Gleichnis zu Grunde liegenden Begriff des Vergleichenden aus,
und zwar gehen die einen Vergleich enthaltenden Stellen den ein
Gleichnis enthaltenden voraus; indessen ist bei allen unter einem

Begriff vereinigten Stellen der Vergleichungspunkt so weit gewahrt worden, dass nur solche Citate angezogen sind, welche
sich von dem im Wesen des Begriffes begründeten tertium
comparationis nicht weit entfernen. Die von cf. begleiteten
Stellen enhalten verwandte Gleichnisse zum Unterschiede von
den bloss in Klammern eingeschlossenen Belegen, in denen
ähnliche Vergleichungen desselben Grundbegriffes gefunden
werden.

acqua Inn. I:29,45. Fur. 18,145. 44,40 — cf. Fur. 23,113. (Inn. I:13,46.
III:7,58). 22,44. 14,50. — brina (rugiada) Inn. I:12,89. III:9,3. cf. Fur.
36,40. — castello Inn. II:26,31 — cf. II:3,4. Fur. 45,75. — diamante
Fur. 11,50. 12,49. 20,43—cf. 44,62. — erba Inn. II:8,50. Fur. 16,13—cf.14,56.
37,79. — falcone Inn. II:3,2—cf. I:20,39. II:17,19. 25,3. III:6,11. Fur. 2,50.
12,84. — fanciullo Inn. I:3.76. 15,59. II:14,66. 22,83—cf. Inn. I:23,11. —
fuoco Inn. I:26,54. Fur. 27,78. (24,61) — cf. Inn. I:20,38. II:23,67. 24,60.
III:4,31. Fur. 10,11. 14,48.122. 26,16.103. — fiume Inn. I:7,25. III:4,31—cf.
Inn. I:10,53. (11,1) II:31,38. Fur. 37,92.110. 39,14. 40,31/2. — foglia Inn.
I:29,2. II:8,57. 9,37—cf. Fur. 21,15. 30,72. 45,101. (Inn. I:15,27. 16,8. II:21,43.
Fur. 8,80). — fonte Fur. 18,162. 46,135 — cf. 26,109. — giaccio, neve'
Inn. I:3,64. 12,48. II:17,58—cf. I:12,89. III:9,3. Fur.19,29. 36,40. — grandine
Fur. 16,19 — cf. Inn. I:16,13. Fur. 30,51. — incude Fur. 17,101. 19,96.
22,67. Inn. I:16,33—cf. Fur. 18,12. — [isola Inn. II:13,58—cf. Fur. 14,38].
— leone Inn. I:7,20. 15,3. II:2,54. 16,26. III:5,49. Fur. 26,19 — cf. Inn.
I:2,2. 11,44. 23,47. II:7,25. 14,54. 24,4. Fur. I,62. 18,14.22.151.178. 26,120.
Fur. 26,132. cf.43,168. — lupo cacciato Fur. 17,91 — cf. 37,95. 23,92. —
nave Inn. II:13,66 — cf. Fur. 4,50. 10,100. — orso Inn. I:29,4. 9,9. Fur.
23,48—cf. 19,7. Inn. II:30,37. — pardo Inn. II:15,15. 17,45 — cf. Fur. 39,69. —
pecore Fur. 39,21 — cf. 12,77/78. (14,29). 16,23.51. — pioggia Inn.
II:23,39—cf. I:24,8. — porco Inn. I:7,6. III:3,38— cf. I:19,45. II:14,21. Fur.
14,120. 9,73. — prigione Inn. I:10,1—cf. Fur. 2,11. 20,41. 44,73. 45,64. —
rosa Inn. I:10,14 — cf. II:23,12. Fur. 10,11. — saetta Inn. I:26,41. II:2,8.
3,5. 11,5. 17,33. 18,23. III:3,5.14.44 — cf. III:4,21. Fur. 9,78. 37,72. —
scoglio Inn. II:6,40. Fur. 30,48. 45,73.101—cf. I:27,6. Fur. 24.106. 36,21.
44,61. — scorza Inn. III:5,3. Fur. 14,130. 26,76 · cf. 42.12. — serpente
Inn. I:3,3. 16,24. 21,28. 23,37. Inn. II:5,39. 7,20. 23,35. Fur. 30,56. 36,16.
37,78 — cf. Inn. I:23,37. Fur. 17,11. — sole Inn. I:3,69. II:20,14. Fur.
7,10.60— cf. 3,57. 30,90. 32,56. 41,3. 44,10. — statua Fur. 20,22 · cf. 19,86.
46,38. — tempesta Inn. I:25,60. III:5,45. 6,4. Fur. 33,41—cf. Inn. I:15,2.
18,55. 23,43. Fur. 16,43. 24,9. — scontro di troni Inn. I:21,21 — cf. 23,13.
16,10. II:23,53. 31,28. — uccello Inn. II:15,67 — cf. Fur. 29,53. 30,11.
43,52. — valleta Fur.7,13—cf. 11,68. — veltro Inn. III:6,32—cf. II:29,48.

Bei dieser Zusammenstellung giebt nicht etwa die bloss
äusserliche Identität, der blosse Name des zur Vergleichung
herangezogenen Begriffes den Ausschlag — denn alsdann hätten
sämtliche Vergleiche, welche denselben Gegenstand wie die
zugehörigen Gleichnisse enthalten, eine Stelle verdient — sondern

nur diejenigen Vergleiche sind ausgewählt, welche den betreffenden Gegenstand zu einem Zwecke benutzen, der sich ungefähr mit der Anwendung desselben im Gleichnisse deckt. So sind z. B. die Beziehungen von *cane, vento, toro, arco* theils so allgemein, theils so verschieden von den in den Bildern ausgedrückten (vgl. Inn. I:6,63.66. II:18,46. III:3,44. Fur. 8,33.17,13.88. 20,139. Fur. 10,23. 23,105. cf. 24,103 u. a.), dass eine Gegenüberstellung nur insofern Vortheil brächte, als sie die grundsätzliche Verschiedenheit der Behandlung derselben Vergleichswörter, je nachdem sie zum Vergleich oder zum Gleichnis herangezogen sind, bewiese. Es folgt aus der Uebersicht, dass nur wenige wirkliche Beziehungen zwischen einfachen und bildlichen Vergleichungen bestehen. — Die Begründung braucht nicht wiederholt zu werden [1]).

D. Das Gleichnis im Innamorato im Verhältnis zum Gleichnis im Furioso.

In wiefern nun eine gewisse Uebereinstimmung zwischen den Gleichnissen beider Gedichte constatiert werden kann, das wird aus nachfolgenden Beispielen ersichtlich. Entweder verhält sich Bojardo's Form zu der Ariosto's wie die Anregung zur Ausführung, oder beider Vergleichungen gehen auf dieselbe Quelle zurück, die interessanteste Beziehung [2]).

Eine nachweisliche Uebereinstimmung liefern folgende Fälle: leone Inn. I:11,44. Fur. 18,22 [3]). Aen.9,792/8. — cerva ferita Inn. I:5,14. Fur. 16,3. Aen.4,68 f. — lupo Inn. I:23,12. Fur.12,78 [4]). — storni e falcone Inn. II:25,3. Fur. 25,12. (Inn. III:6,11 [5]). I:20,39. Fur. 12,84. — cane Inn. III:3,44. Fur. 17,31. — porco Inn. III:3,38. Fur. 17,30. in 10,101 ist dieselbe Beziehung auf die Orca übertragen, vgl. p. 68. — mosche Inn. II:30,8. III:8,14. Fur. 14,109 [6]). — fiore in pioggia Inn. I:12,85. Fur.

---

1) Vgl. p. 50.
2) Vgl. Bolza: Op. cit. Fonti ed Imitazioni II, p. XLI ff., und Riferimenti all' Orlando Innamorato LXXII ff. Einige von Bolza als Entlehnungen bezeichnete Gleichnisse sind infolge ihrer zweifelhaften Beziehung zu dem Inn. nicht aufgenommen.
3) Vgl. Panizzi; P. Rajna: a. a. O. p. 211.
4) Bolza LXXIV.

28,67 [1]). — serpente sodo Inn. II:17,52. Fur. 32,19. (18,82. 20,37). Psalm 58,7. — edera Fur. 7,29. Inn. I:19,61[2]) (cf. Fur. 25,69). — falce ed erba Inn. II:14,56. Fur. 16,50. 37,79. — gregge marina Inn. III:4,3. Fur. 41,9[3]). — vento in arena Inn. I:1,20. II:7,28. III:4,13. Fur. 33,50. 45,12. — sole Inn. II:20,13. Fur. 32,56. 41,3. — tuono e saetta Inn. III:6,30. Fur. 18,11. — castello Inn. II:3,4. Fur. 45,75. Aen. 5, 489.

Dagegen verdienen andere Gleichnisse, die nur in so weit ähnlich sind, als sie einen und denselben Vorgang zu einer vergleichenden Schilderung heranziehn, eine Beachtung, weil sie beide Dichter auf demselben Wege zeigen, ohne dass der Nachfolger den Spuren des Vorgängers folgt.

uomo sprigionato Inn. I:2,19. II:27,80. Fur. 32,10. 46,66. cf. 45,64. — destino Inn. III:2,42. Fur. 27,126. — cinghiale Inn. II:14,21. Fur. 14,120. — lepre Inn. I:4,65. Fur. 26,93. — svellere giunchi Inn. III:3,29. Fur. 23,135. — foglia Inn. II:7,17. Fur. 16,75. — rosa Inn. II:23,12. Fur. 10,11. Inn. III:9,5. Fur. 37,28. — vento in selva Inn. II:14,57. 24,56. Fur. 24,68.99. — mare turbato Inn. I:3,2. III:2,49. Fur. 30,60. 37,77. — fiume Inn. I:10,54. 11,1. II:23,59. 31,38. III:4,31. Fur. 37,92.110. 39,14.

Einige Bilder des Fur. mögen fast als die Ausführung einer Skizze im Inn. angesehen werden:

fuoco vicino Inn. I:4,14. Fur. 16,88. 27,22. — rosa incisa Inn. II:17,55. Fur. 18,153 (allein hier spricht die Quelle für das Gleichnis Aen. 9,435 dagegen). (cf. Fur. 43,169 Aen. 11,68). — uccello in ragna Inn. I:14,29. Fur. 23,105. Inn. I:11,9. Fur. 27,111 (battaglia di due tori) ergänzen einander; dagegen steht Fur. 14,114 zu Inn. II:7,28. 14,20 in Widerspruch.

Trotz dieser Aehnlichkeit, die kaum wesentlich genannt werden kann, waltet der Dichter des Furioso wie in der Anlage des Gedichtes überhaupt, so auch im Einzelnen der bildlichen Rede selbständig. Und zwar von Anfang an zeigt die Sprache der Ausgabe von 1516 einen lebhafteren Pulsschlag als das Rittergedicht von dem Verliebten Roland. Schon hier ringt der jüngere Dichter durchaus nach Selbständigkeit in der Ausmalung des Bildes. Zwar verdanken beide Poeten, namentlich Ariosto, den alten Autoren manch gelungenes Gleichnis und im einzelnen verräth die erste Form des Furioso gegen die spätere Umarbeitung noch Unsicherheit in der originellen Fassung z. B. [1]9,86—10,98. [1]15,11—17,11 vgl. Aen. 12,67. 2,471/5, doch im Ganzen zeichnet auch hier schon eine detaillierte

---

1) Vgl. Panizzi.
2) Vgl. P. Rajna: p. 155.
3) Vgl. Panizzi; P. Pajna: p. 492 [4]).

Ausmalung die Bilder des Furioso vor denen des Innamorato
aus. Dort werden die zugehörigen Sonderbeziehungen selbständig
und zwanglos eingeordnet, hier erreicht der Dichter bisweilen
die Wirkung durch Nebenbeziehungen auf entfernte Gegenstände,
dort herrscht Leben und Freiheit der Bewegung, hier eine gewisse Regel, nach der sich alles fügt. Aber vor allem möchte
der Vorrang dem Meister Ludwig darum gebühren, weil er
über den Standpunkt Bojardo's hinaus das Leben und Weben
seiner Schöpfung mit dem weiten Umfang einer gründlichen
Natur- und Menschenbeobachtung in Einklang bringt. Nicht
der Kampf allein, den der ritterliche Spross eines alten Adels-
geschlechtes nicht müde wird in neuen Bildern darzustellen,
noch allein die Wucht bedeutender Ereignisse rief die malende
Hand ans Werk, sondern alles, was in einem so poetisch sinnigen
Gemüthe einen Nachklang fand — »die Waffen, die Liebe, die
Ritter, die Frauen, das höfische Wesen, die kühnen Unter-
nehmungen« — die ganze ideale Welt seines Gedichtes liess
Ariosto in wunderbaren und lieblichen Bildern neu erstehn.
»In jedes Bild vertieft er sich und malt es mit eigenthümlicher
Anmuth aus [1])«. Dieses Wort, welches wir uns auf unser Gebiet auszudehnen erlauben, bestätigt sich bei jedem tieferen
Eindringen in das wunderbare Werk, dessen literarische Bedeutung so manche seltsame Auslegung im Dienste einer jeden
späteren Culturepoche erfuhr. So auch die Bilder, welche
schon von den Zeitgenossen als die »Schönheiten des Ariosto«
gepriesen wurden.

Es hiesse die Arbeit nur halb beendigen, wollten wir uns
mit der Aufzeichnung der Thatsachen allein begnügen, ohne
daraus eine allgemeine Regel für die Verwerthung der Vergleichung als wirksamstes Darstellungsmittel der anschaulichen
Schilderung zu ziehen. — Wie schon angedeutet wurde, kommt
in der Wahl der Stoffe und ihrer Anknüpfungsweise ebenso
sehr die Verschiedenheit der Dichtungsarten und ihrer Vertreter

---

1) Banks, a. a. O. p. 40.

als auch zweier wesentlich verschiedener Stilarten zum Ausdruck. Bojardo, welcher in Hinsicht auf die Behandlung noch fast ganz auf dem Boden einer schlichten volksmässig gefärbten Darstellung steht, befindet sich in einem tiefen Gegensatz zu Ariosto, der die Manier seiner Vorgänger im Wesentlichen überwunden hat. Seine Sprache steht der modernen Ausdrucksweise um ein beträchtliches näher als die Diktion des Grafen von Scandiano. Mit dem Ausdruck »volksmässig« soll indess nicht der Vorwurf bänkelsängerischer Reimerei gegen einen Dichter erhoben werden, der an innerer Poesie, an Tiefe der Gedanken den künstlerisch überlegenen Nachfolger in den Schatten stellt: der Ausdruck ist lediglich in Anbetracht der einfachen, prunklosen Sprache gewählt und bezeichnet eher ein Lob als einen Tadel! Gerade dadurch, dass Bojardo seine Vorgänger nicht aus den Augen verloren hatte, war es ihm möglich geworden, das romantische Epos in seiner natürlichen Reinheit auf die höchste Stufe zu heben, ohne der Würde des behandelten Gegenstandes etwas zu vergeben. Ariosto hat durch seine beständige Nachahmung der Alten das Gewebe seiner Schöpfung dem ursprünglichen Stoffe mehr und mehr entfremdet. Dahin gehört auch seine Freigebigkeit an Vergleichen und Bildern. Welcher Abstand von der intellectuellen Quelle aller italienischen Karlsromane, dem Rolandsliede, welches nur ein Gleichnis bietet! Welcher Unterschied von dem Prosawerke, den Reali di Francia, welches die einfachsten bildlichen Beziehungen und zwar in den seltensten Fällen anwendet! Aber schon Pulci hatte, ein Erfordernis kunstmässiger Darstellung in gebundener Rede, dem bildlichen Schmuck einen höheren, wenn auch immer noch untergeordneten Rang eingeräumt. Bojardo's Verdienst ist es, die rechte Mitte zu halten: er verfährt weder so verschwenderisch wie Ariosto noch so kärglich wie Pulci mit bildlichen Anknüpfungen. Die Gesamtzahl seiner Vergleiche beträgt 345, der Gleichnisse 84, im Verhältnis zu den 4439 Stanzen sind 8% (7,8% = 1:13 Stz.) Vergleiche und 2% (1,9% = 1:50 Stz.) Gleichnisse d. h. auf je 100 Stanzen entfallen 8 Vergleiche und

2 Gleichnisse. Dabei ist aber zu beachten, dass, während für die beiden ersten Theile ein nahezu gleiches Verhältnis besteht, (der erste Theil von 1922 Stanzen mit 35 Gleichnissen und 131 Vergleichen, der zweite von 2005 Stanzen mit 35 Gleichnissen und 141 Vergleichen) der dritte dagegen merklich absticht, insofern hier auf 512 Stanzen 16 Gleichnisse und 72 Vergleiche kommen. Auf je hundert Stanzen reduciert, stellt sich das Verhältnis der Vergleiche und Gleichnisse der einzelnen Theile noch schärfer heraus:

Annäherndes Verhältnis der Gleichnisse
zu den Vergleichen:

I. Theil: Gl. 1,8%, Vgl. 6,8% — 1 : 4
II. Theil: Gl. 1,7%, Vgl. 7% — 1 : 4
III. Theil: Gl. 3,1%, Vgl. 14% — 1 : 4 1/2

Das Verhältnis der Vergleiche zu den Gleichnissen der dritten Abtheilung wird also wenig geändert, wiewohl die Verhältniszahlen dieses Theiles im Vergleich zu denen der vorangehenden Theile für das Gleichnis nahezu, für den Vergleich ganz verdoppelt haben; sonst kam auf je 14,1 resp. 14 Stanzen ein Vergleich, jetzt aber schon auf 7,1 resp. 7 Stanzen.

Einen Werth erlangt diese Berechnung aber erst, sobald wir für den Furioso dieselbe Rechnung aufstellen. Die erste Ausgabe zählt in 4124 Stanzen 202 Gl. und 311 Vgl., wovon die erste Revision vom J. 1521 mit 205 Gl. und 311 Vgl. in 4187 Stanzen kaum abweicht. Nach Procenten ausgerechnet stellt sich das Verhältnis folgendermassen heraus:

I. Ausgabe: Gl.(4,9%) 5% (1:20Stz.) Vgl.7,5% (1:13,2Stz.) Annäherndes Verhältnis der Gl. zu den Vgl. 2:3.
II. Ausgabe: Gl. 5% (1:20,1 Stz.) Vgl. 7,5% (1:13,3 Stz.) Annäherndes Verhältnis der Gl. zu den Vgl. 2:3.

In der dritten Ausgabe sind die Procente für beide Vergleichungsarten erhöht, während das gegenseitige Verhältnis der Gl. zu den Vgl. kaum verschoben ist.

In 4842 Stanzen kommen 271 Gleichnisse und 383 Vergleiche vor, die sich, nach Procenten gerechnet, folgendermassen auf die Gesamtheit vertheilen:

III. Ausgabe: Gl. 5,5% (1:18 Stz.) Vgl. 7,8% (1:12,7 Stz.) Annäherndes Verhältnis der Gleichnisse zu den Vergleichen 2:3.
Diese Bearbeitung weist also ein für beide Theile der Zahl
nach günstigeres Verhältnis auf; in Anbetracht des gegen die
vorhergehende Ausgabe um einen Zuwachs von 695 Stanzen
bereicherten Umfanges zeugt das procentuale Verhältnis zu gleicher
Zeit von einer in Hinblick hierauf gründlicheren Umarbeitung. Unter
den neuen Zuthaten zeichnen sich besonders der elfte, siebenund-
dreissigste und fünfundvierzigste Gesang durch einen auffallend
reichen Bilderschmuck aus, von denen wiederum der elfte mit
Vergleichen und Gleichnissen am freigebigsten bedacht ist, in
so fern als auf 83 Stanzen 13 Gleichnisse und 14 Vergleiche
kommen.

Aus der ersten Zusammenstellung geht aber ferner hervor,
dass der letzte Theil des Innamorato, bei dessen Lectüre es
dem Leser bisweilen vorkommt, als ob ein anderer Geist den
Dichter beseele, in der That schon Anklänge an die volltönendere
Diktion Ariosto's enthält. Wenn nun auch die Gleichnisse in
derselben Manier als in den vorhergehenden Theilen ausgeführt
sind, so behandeln die Vergleiche doch zum Theil schon Beziehungen, welche sich in ihrem Charakter denen im Fur. nähern:
es treten Gegenstände von individueller Bedeutung auf und
verdrängen die vorher mit ausschliesslicher Vorliebe angewandten
typischen Vergleichswörter. Im übrigen ist noch zu bemerken,
dass Bojardo eine im Ganzen stetigere und gerechtere Vertheilung
der Vergleichungen liebt. Hinsichtlich der Anwendung der
Gleichnisse stehen die ersten beiden Theile auf gleicher Stufe —
indessen der dritte, dem Umfange nach unbedeutendste, einen
Fortschritt in der Heranziehung bildlicher Vorstellungen bezeichnet. — Nur in den Scenen wilden Schlachtgetümmels verlässt Bojardo die epische Ruhe, und mit voller Hand streut
er die bildlichen Anknüpfungen aus. Aber diese Freigebigkeit
beschränkt sich vorwiegend auf die Vergleiche. In der gleichen
Situation malt Ariosto behaglich aus: mit Ruhe sieht er dem
Kampfe zu und verfügt daher desto leichter über einen um-

fassenderen Vorrath von Anlehnungen. Man vergleiche die Kampfschilderungen von Inn. I:1;2;3;16;17;18. II:5;9 etc. mit Fur. 14;18; 10;11: Ariosto bleibt Herr der Situation, während Bojardo von der Handlung mit fortgerissen wird. Der Schöpfer des Fur. verfährt aber auch ausserdem unregelmässiger in der Anwendung der Vergleichung: bald verschwendet er in rascher Aufeinanderfolge die herrlichsten Bilder auf eine Handlung, welche mit weniger coloristischem Beiwerk an Lebendigkeit wahrlich nichts eingebüsst hätte, bald täuscht er die Erwartungen des gespannten Hörers, einen bedeutungsvollen Vorgang durch eine gelungene Anknüpfung ausgezeichnet zu sehn, rücksichtlos und ohne Grund (Fur. 5;22;35;41). Dabei kann man sich des Gedankens nicht erwehren, als ob er in den erwähnten Fällen, wo sich stellenweise eine bildliche Anlehnung aufzudrängen scheint, fast mit Absicht letztere vermieden habe: auch hierin scheint ein bemerkenswerthes Moment dafür verborgen zu sein, dass Ariosto nicht mit vollem Ernste, gewiss aber nicht mit dem Ernste Bojardo's an seinem Werke thätig gewesen sei.

Im Gegensatz zu der classischen Ruhe des epischen Dichters »par excellence«, die von ferne an Homer gemahnt, tritt bei Ariost bisweilen das Pathos der Rede, das sich in glänzenden und künstlichen Anknüpfungen ergeht, störend in den Vordergrund. Der breitere Redestrom Virgilischer Ausdrucksweise ist nicht ohne Widerhall in seinem Ohre verklungen; die fast dramatischen Monologe Bradamante's athmen bereits den Geist, welcher in erhöhtem Masse durch Tasso's Sprache woht. Ob die Vorliebe für den hyperbolischen Vergleich vermittels des Comparatives damit wohl in Zusammenhang steht? Unter den 383 Vergleichen im Fur. befinden sich 55, also ungefähr der siebente Theil, welche mit Hilfe dieses gesteigerten Ausdrucksmittels gebildet sind. Der Inn. zählt dagegen nur 15 Beispiele unter 345 Vergleichen — also der 23. Theil der Gesammtzahl. Rechnen wir nun hierzu noch ein Drittel der Vergleichsstoffe; welche dem classischen Alterthum entlehnt sind, so erhellt, dass Ariosto sich bei dem einfachen Vergleich, um ihn nicht ungehört

verhallen zu lassen, ausserordentlicher Mittel bediente, welche
sein Vorgänger nur in beschränkterem Masse anwandte, trotzdem
dieser die allgemeinste Form des hyperbolischen Vergleiches
auffallend bevorzugt.

Alles in Allem ruht bei Ariosto der Schwerpunkt in den
Gleichnissen und den gelegentlichen Bezugnahmen auf das
klassische Alterthum; im Inn. dagegen tritt sowohl numerisch als
auch in Hinsicht auf den poetischen Zweck der Vergleich stärker
hervor, je nachdem die volksmässig-mittelalterliche Behandlungs-
weise oder die klassischen Autoren die Richtschnur geworden
sind. Ariosto zieht alles, was gewusst und beobachtet
werden kann, in seinen Bereich, Bojardo nur das, was er selbst
gesehen oder von andern erfahren hat. Seine klassischen
Reminiscenzen, so wie die poetische Verwerthung von Naturerscheinungen können keineswegs mit den gleichen Vorwürfen
des Späteren verglichen werden. Bei jenem waltet lediglich
ein naives Behagen ob, das Geschilderte in einem Bilde zu
schauen, bei diesem ist vielmehr die Erkenntnis von dem Werthe
einer bildlichen Anlehnung thätig, die aber leicht in den Fehler
einer übertriebenen Benutzung dieses Darstellungsmittels ausartet.

Berichtigungen und Nachträge.

Seite 3, Zeile 11 von oben ist von zu streichen.

ib. Anmkg. 2 statt 1816 lies 1876.

S. 5, Z. 11 v. o. ist hat zu streichen.

S. 13, letzte Zeile statt ne più lies nè più.

S. 15, Z. 16 v. o. statt Auslaute lies Ausdrücke.

S. 20, Z. 3 v. o. statt Fur. XI:3,67. XI:5,53 lies 43,67; 45,53.

ib. Z. 1 v. u. statt conjunctivische lies conjunctionale.

S. 21, Z. 2 v. o. statt Demonstrativpronomen lies Determinativpronomen.

S. 21, Z. 2 v. u. statt das lies dass.

ib. Z. 6 v. u. statt unabhängigen lies abhängigen.

S. 24, Z. 15 v. u. statt im lies in.

S. 28, Z. 18 v. o. statt 23,74; lies 33,74;

ib. Z. 10 v. u. hinter 21,66; ist noch 35,24 als Belegstelle einzufügen.

S. 29, Z. 16 v. o. statt denn lies dann.

S. 31, Z. 17 v. o. vor Fur. 27,121 ist durch zu streichen.

S. 33, Z. 4 v. o. statt p. 2 und p. 12 lies p. 13 und p. 20.

ib. Z. 13 v. o. statt seiner lies einer.

ib. Z. 14 v. o. hinter Inn. I:16,10 ist noch Fur. 42,12 als weitere Belegstelle einzuschieben.

ib. Fussnote letzte Zeile statt p. 23 lies p. 22.

S. 34, Z. 9 v. o. Als Parallelstelle ist (Fur. 10,89) hinzuzufügen.

S. 35 III Fur. 28,11 ist durch Fur. 20,120 zu ersetzen.

ib. IV statt 10,11 lies 10,40.

ib. Z. 12 v. u. Wiewohl p. 115.6 als Beispiel einer auffallenden Katachrese besonders angeführt, verdient Fur. 8,767 auch an dieser Stelle erwähnt zu werden, da dieser Passus im Fur. der einzige Beleg für den unvermittelten Uebergang der Metapher zum Gleichnisse und wieder zurück zur Metapher ist.

S. 36, Z. 5 v. o. statt den lies der.

ib. Z. 7 v. o. im Anfang der Zeile ist vor 19,7 noch 18,19 und

ib. Z. 8 v. o. vor 29,53 noch 11,68 (v. 4) einzuschieben.

S. 37, Z. 16 v. u. statt den lies dem.

ib. Z. 6 v. u. ff. Die vorgebrachte Auffassung ist an die Stelle der widerlegten zu setzen: in der ersten Ausgabe bietet allerdings die einleitende dem Gleichnisse entsprechende Metapher den bezgl. Conjunctiv (s. p. 37, Z. 2 v. u.). Allein in den folgenden Ausgaben wendet sich die erzählende Person bei der wortgetreuen Wiedergabe der Aeusserung mit dem Gleichnisse an die angeredete Person selbst, welcher jene hiermit den Inhalt der Aussage deutlich und begreiflich zu machen sucht.

S. 38, Z. 15 v. u. hinter Fur. 11,41 ist 27,78 einzuschieben.

S. 39, Z. 4 v. o. statt erfolgende lies erfolgte.

S. 41 b. letzte Zeile manuelle: niovi Fur. 11,68 zu den übrigen Belegen.

ib. Anm. **) Z. 3 v. u. statt p. 23 lies p. 23/24.

S. 44, Z. 7 v. o. statt p. 42/3 lies p. 43.

S. 46, Z. 1 v. o. statt p. 40 lies p. 41.

S. 48, Z. 1 v. o. statt p. 5 lies p. 14.

S. 95, Z. 2 v. o. a. ist wegzulassen.

S. 106, Z. 10 v. o. Auf Fur. 12,778 (vgl. p. 119 Z. 12 v. o.) ist noch hinzuweisen.

S. 119, Z. 12 v. o. Das Geschrei des auf Orlando losbrechenden Heerhaufens gleicht dem Getöse einer von einem Wolfe verfolgten Schweineheerde oder dem Gegrunze und Gequieke eins von einem Bären gepackten Schweines Fur. 12,77/8 als Belegstelle zu den übrigen.

Das in der Vorrede (p. 8) gegebene Versprechen, eine vollständige, lückenlose Vergleichung der drei Ausgaben des Fur. vorzunehmen, soll in der nachfolgenden Zusammenstellung eingelöst werden.

1516. (1521). 1532.

canto 1-3,58 : 1-3,58.
— : 59.
3,59 f. : 3,60 ff.
4-8 : 4-8.
9,1-7 : 9,1-7.
8-10 : 11,81,83. 12,4.
11-22 : 12,5-16.
23-103 : 10,35-115.
10,1-21 : 11,1-21. 12,17.
22-98 : 12,18-94.
11,1-70 : 13,1-70.
71-81 : 73-83.
12 : 14.
13,1-17 : 15,1-17.
18-86 : 37-105.
14-16 : 16-18.
17,1-61 : 19,1-61.
62 (1521) : 62.
62-107 (63-108) : 63-108.
18-20 : 20-22.
21-22 : 23-24.
23,1-4 : 25,1-4.
5-6 (1521) : 5-6.
5-78 (7-80) : 7-80.
81-82 (1521) : 81-82.
79-93 (83-97) : 83-97.
24,1-49 : 26,1-49.
50-134 : 53-137.
25,1-123 : 27,1-123.

1516. (1521). 1532.

124-139 : 125-140.
26,1-74 : 28,1-74.
75 : —
76-103. : 75-102.
27-28 : 29-30.
29,1-40 : 31,1-40.
41 (1521) : 41.
41-109 (42-110) : 42-110.
30,1-5 : 32,1-5.
6-9 (1521) : 6-9.
6-42 (10-46) : 10-46.
43 (47) : 49.
44 (48) : 33,77.
45-49 (49-53) : 60-64.
50-76 (54-80) : 78-104.
77 (81) : 105.
82 (1521) : 106.
78-99 (83-104) : 107-128.
31 : 34.
32,1-31 : 35,1-31.
32-33 : 32,47-48.
34 : —
35-82 : 35,33-80.
33,1-15 : 36,1-15.
16-19 : 32,6-9 ¹).
20-86 : 36,16-82.
87 : 83.
34 : 38.
35,1-10 : —

1516. (1521). 1532.

11-12 (1) : 89-90.
13-97 (2-86) : 39,2-86.
36-37 : 40-41.
38,1-19 : 42,1-19.
20-22 (1521) : 20-22.
20-101 (23-104) : 23-104.
39,1-55 : 43,1-55.
56-111 : 60-115.
112 : —
113 : 116.
114-196 : 117-199.
40,1-4 . 46,1-4.
5 : 7.
6 : 10.
7 (1521) : 16.
8 : 13.
9 : 17.
10 : 14.
11 : cf. 18 u. 19.
12-22 : 44,1-11.
23-43 : 15-35.
44-45 : 46,67-8.
46-50 : 73-77.
51-63 : 79-91.
64 : —
65-70 : 92-97.
71 : —
72-75 : 98-101.
76-112 : 104-140.

1) Diese vier Stanzen sind vollständige Umarbeitungen der entsprechenden vier in der ersten Ausgabe und finden sich schon in der zweiten Ausgabe in derselben Form und an derselben Stelle wie in der dritten.